CHRISTOPHE COLOMB

CORSE

Histoires patriotiques

Nouvelle et Contes

PAR

PAUL CORBANI

PARIS
LIBRAIRIE ARTISTIQUE ET LITTERAIRE
3, RUE DE MÉDICIS, 3
—
1888

CHRISTOPHE COLOMB CORSE

HISTOIRES PATRIOTIQUES

NOUVELLE ET CONTES

*A Monsieur le Duc Pozzo di Borgo,
Président de la Ligue Corse
d'Enseignement et d'Education.*

Monsieur le Duc,

Permettez à l'auteur de ce livre de vous exprimer sa reconnaissance pour les encouragements que vous avez bien voulu lui prodiguer et de vous offrir, en hommage, cet humble travail, son début dans la carrière littéraire.

Il croit pouvoir en même temps, joindre à ses sentiments de gratitude, ceux de la *jeunesse Corse*, pour l'instruction de laquelle la *Ligue d'Enseignement et d'Education*, dont vous êtes le Président, a fondé de nombreuses bibliothèques.

En vous intéressant à un livre qui vient ajouter le grand nom de *Christophe Colomb* au *Livre d'Or de la Corse*, à côté des héros *Sampiero* et *Paoli*, vous montrez, une fois de plus, que vous êtes demeuré fidèle aux traditions de votre illustre famille laquelle s'est toujours noblement passionnée pour tout ce qui touche à la gloire et à la prospérité de notre chère île.

Paul Corbani.

PRÉFACE

A mes Jeunes Compatriotes.

Je ne puis, mes jeunes amis, vous laisser ouvrir ce modeste livre sans vous parler un peu de notre chère et bien aimée Corse ; c'est un devoir que je me crois obligé de remplir envers notre île vaillante et glorieuse !

Si la Corse eût été une terre affreuse et inculte, un rocher nu et désert, comme l'a prétendu le philosophe Sénèque qui l'a jugée, sans nul doute, du haut de la Torre dei Moto, (1) où il passa huit années de captivité, elle n'aurait pas eu tant de luttes à soutenir, tant de peuples puissants à combattre.

Les Phéniciens, les Phocéens, les Romains, les Sarrasins, les Génois, puis les Anglais ; nations barbares et peuples

---

(1) Tour située à l'extrémité du cap Corse, qui a servi de prison à Sénèque (an 41 à 49 de notre ère).

civilisés, n'auraient pas cherché, depuis les premiers temps de l'histoire jusqu'au siècle dernier, à s'emparer d'un rocher aride.

Les immenses forêts de châtaigniers, d'oliviers, de pins larix, la richesse incomparable du sol, ont sans cesse excité l'envie des puissances voisines, et l'on a vu dix siècles durant, ce spectacle admirable : le combat sans trêve, ni merci, des montagnards corses luttant pour la liberté. Lutte d'un contre cent !

Si la terre de Corse, incessamment arrosée du sang de ses enfants, a toujours produit une végétation luxuriante, elle a été, de même, fertile en héros. Salut à vous, nobles et modestes grands hommes qui vous appelez *Sambucuccio, Sampiero, Paoli*; la patrie corse vous témoignera éternellement sa reconnaissance, et la France, bien que vous n'apparteniez pas à son histoire, ne cessera de vous admirer; car vous êtes de même race que les glorieux soldats de la Révolution: *Hoche, Kléber* et *Marceau*, et comme eux, vous avez aimé d'un ardent amour la patrie et la liberté !

Les barbares, les écumeurs de mers, les peuples mercantiles, en arrachant les vignes, les oliviers et les châtaigniers, en brûlant les forêts et les maisons de nos pères, ont fait entrer, par une juste indignation, dans les cœurs de ces derniers, l'amour de la guerre pour conserver l'indépendance nationale.

L'habitude de manier le fusil dès leur plus tendre enfance, de s'exercer à la lutte, aux exercices violents, leur avait donné tout naturellement la passion du métier militaire; passion dont nous avons hérité.

Au milieu de ce foyer d'agitation, de luttes et de discordes, sans cesse entretenu par des puissances rivales, l'industrie, le commerce, les sciences et les arts ne pouvaient progresser ; aussi, si la Corse a eu des guerriers illustres, si elle compte encore aujourd'hui, parmi ses enfants, des officiers distingués, elle ne peut citer, depuis les premiers temps de son histoire jusqu'à nos jours, un seul savant, un seul littérateur, un seul peintre de génie. Nous constatons cela avec peine, et cependant sans le moindre découragement, car c'est une preuve des grands malheurs, des vicissitudes sans nombre que notre chère île a traversés, et cela ne peut que nous la faire aimer davantage !

Nous voyons avec bonheur, depuis quinze ans, s'ouvrir une ère nouvelle. Le gouvernement de la République désirant que la Corse soit au niveau des autres départements, y a répandu les écoles à profusion, et, aujourd'hui, l'instruction vient éclairer de sa bienfaisante lumière, les cerveaux jusqu'ici incultes de nos braves campagnards.

Oui, mes jeunes amis, l'école est nécessaire aujourd'hui plus que jamais, non-seulement pour y apprendre les mathématiques, l'histoire et la géographie, mais encore, et surtout, le sentiment du devoir, l'amour-propre, la fraternité et le courage. Ceci vous étonne, n'est-ce pas, que l'école puisse enseigner la fraternité et le courage ? — je ne parle pas des deux premières qualités car elles se confondent, la plupart du temps, dans les deux autres — hé bien ! je vais essayer de vous le démontrer en vous parlant, d'abord, de la fraternité !

Lorsque surgissent les plus grands fléaux, les catastrophes les plus terribles, la fraternité apparaît au milieu des dévastations et des ruines, apportant l'espérance et la consolation, là où l'on ne voyait qu'affliction et terreur.

N'avez-vous pas vu cette sublime vertu, fille du dévoûment et de l'amour, sauver de la misère les victimes de l'inondation, disputer et arracher des familles entières aux flammes dévorantes de l'incendie. L'homme, malgré les prodiges de son génie, malgré toutes ses grandes découvertes : la vapeur qui dévore l'espace et qui soulèverait le monde, l'électricité qui, d'un pays à l'autre, porte avec la vitesse de l'éclair la pensée humaine, l'homme, n'a pu arrêter ces calamités. Il lui fallait, néanmoins, trouver un remède à ces désastres; alors le cœur a dit à la fraternité : « Lève-toi! » Elle s'est levée; et, sous son impulsion bienfaisante, vous voyez, chaque jour, dans notre époque, que les gens arriérés se plaisent a appeler siècle de mollesse, d'énervement et d'égoïsme... vous voyez des exemples véritablement beaux d'abnégation et de courage.

Quelle lutte énergique contre l'élément en furie ! quelle noble émulation anime tous les cœurs ! Pour porter secours aux femmes, aux vieillards, aux enfants, le soldat sort de la caserne, l'ouvrier quitte l'atelier, l'agriculteur abandonne sa charrue ; le haut fonctionnaire et le petit commis, le général et le simple soldat, l'évêque et l'humble desservant, le maire et l'instituteur du hameau, le curé et le notaire du village, composent toute l'intrépide et dévouée milice de sauvetage ; et pendant qu'elle agit au milieu des plus grands périls, pendant qu'elle secourt et qu'elle sauve, que font les grandes villes trop éloignées pour être témoins des dévastations et des ruines ?

Paris, cette ville que l'on croit toujours absorbée par un incessant besoin de distractions, Paris, ville d'affaires et de plaisirs, que nos moralistes se plaisent à nommer la Babylone moderne, Paris a tressailli de pitié, s'est émue aux récits lamentables qui lui parviennent de toutes parts.

La Charité infatigable, est allée tendre la main dans le palais de la Présidence, dans les hôtels des ministres, dans les prétoires des tribunaux, dans les presbytères, dans les chambrées des casernes, dans les collèges, dans les magasins, dans les cafés ; partout où se trouvent des cœurs généreux, des âmes compatissantes.

A côté de la pièce d'or du riche, vous avez le sou du pauvre et ce n'est pas la moins admirable cette modeste obole du malheureux qui veut aussi apporter son contingent à l'œuvre fraternelle !

De tous côtés, l'aumône arrive, suprême consolation apportée à de grands malheurs. Et des soi-disant sages qui cherchent à fausser l'esprit du peuple, vous répèteront que la France n'est plus ce qu'elle était, que toutes ses admirables qualités ont disparu ! Ce sont des imposteurs ou des insensés ; et il vous sera facile de vous convaincre du contraire, lorsque arrivera le moment de l'épreuve : alors vous verrez que la vieille France de nos pères n'est point effacée du monde ; quand la gloire et le malheur viennent à la remuer, elle se redresse, et se montre encore la reine des nations.

Vos maîtres, en vous citant des exemples de dévoûment, de charité et de toutes les nobles vertus, vous apprendront à aimer vos semblables, à secourir les malheureux, à soutenir le faible contre l'oppression du fort ; ils vous enseigneront la plus belle morale ; celle qui a pour devise ces trois mots si simples et si beaux : Amour, Justice, Charité, vertus qui se résument en une seule : la Fraternité.

Oui, mes amis, vous apprendrez aussi le courage à l'école ; et cela, sans qu'il soit utile de vous rendre superstitieux et fanatiques : vous serez courageux, tout en devenant des hommes de progrès.

L'amour-propre, l'espoir d'une récompense, le sentiment du devoir, l'humanité, le dévoûment, jouent un rôle important dans ce qu'on appelle le courage ; ces qualités le soutiennent souvent lorsqu'il est défaillant, et le complètent lorsqu'il est insuffisant. Le grand Turenne, quoique très courageux, se mit, un jour de bataille, à trembler de tous ses membres au premier coup de canon : « Tu trembles, vieille carcasse, dit-il, en regardant son corps? tu tremblerais bien plus, si tu savais où je vais te mener ! » Il en résulte que le courage, étant une qualité formée d'éléments divers, rentre forcément dans le domaine de l'éducation, et peut s'acquérir. Il est toutefois bien certain que, d'un poltron, on ne pourra faire un héros, mais, il ne faut pas, non plus, qu'un père s'abandonne jamais à désespérer de son fils, parce qu'il voit en lui des germes de pusillanimité. Une âme craintive peut devenir une âme courageuse ; un enfant peureux peut devenir de même un homme vigoureusement trempé ; à la condition que l'on développe, en lui, les idées de justice, d'honneur et de dignité ; qualités qui, au moment du péril, viendront à son secours, et l'aideront à dompter le plus mortel ennemi du courage : la peur.

Le maître d'école, en donnant à ses élèves une bonne éducation et une instruction solide, en fera toujours des hommes de devoir, des hommes courageux, et d'excellents patriotes.

Nous devons nous glorifier d'une innovation faisant le plus grand honneur au gouvernement qui en a pris l'initiative ; en ce sens qu'elle est destinée à compléter avantageusement l'éducation des jeunes gens de nos écoles ; je veux parler de l'enseignement de la gymnastique et des exercices militaires.

Les jeunes Corses de l'indépendance apprenaient à manier les armes dès leur plus tendre enfance pour combattre les oppresseurs de leur pays ; soumis à une éducation toute spartiate, ils ont donné à leur patrie des héros plus sublimes que ceux des Thermopyles, des hommes aussi grands que ceux de Plutarque. Leurs mères, en leur donnant le sein, les nourrissaient de leurs haines contre les tyrans et leur faisaient adorer la justice ; elles leur apprenaient à vivre, pour servir dignement la patrie, et leur faisaient comprendre de quelle façon ils devaient mourir pour sa liberté !

Mme Cervoni, en apprenant que Paoli,

l'ennemi de sa famille, était renfermé avec cinquante hommes dans le couvent de Bozio, et qu'il luttait en désespéré contre Marius Matra qui incendiait la porte de la pièce où il était barricadé, fait taire son ressentiment contre le général et, n'écoutant que son patriotisme, menace son fils de sa malédiction, s'il ne vole pas au secours de Paoli. Cervoni électrisé par l'énergie de sa mère, réunit ses parents et ses amis, et marche à leur tête au couvent de Bozio. Au bruit des conques marines, Paoli comprend qu'un secours inespéré lui arrive ; il relève le courage de sa troupe, fond avec furie sur l'ennemi qui se retire bientôt en emportant le cadavre de son chef, Marius Matra, blessé à mort par Cervoni. La haine s'était effacée devant l'intérêt de la patrie.

Et cette mère qui, ayant perdu trois enfants à la guerre, disait à son dernier : « Pars, mon fils, la Patrie te réclame ; sers-la glorieusement. Je t'ai donné la vie, mais s'il lui plaît de te l'ôter, que sa volonté soit faite : souviens-toi qu'elle est notre mère à tous ! » n'était-elle pas immensément grande lorsqu'elle refoulait ainsi, en son cœur, tout son amour maternel, toutes ses douleurs, toutes ses tendres alarmes ?

O femmes corses, vous êtes dignes de l'amour et du respect de toute la terre! Qu'avez-vous à envier aux femmes de Sparte ! Comme elles, vous avez donné le jour à des héros ; comme elles, vous les avez dévoués à la patrie avec un sublime abandon !

Ceci s'applique à vous aussi, nos mères, nos épouses, nos sœurs, qui aimez la France de tout votre cœur, comme nous devons l'aimer, nous qui avons triomphé de ses gloires, qui avons pleuré les mêmes larmes. Comme vos aïeules, donnez-lui des héros, donnez-lui des lions pour combattre les loups teutons.

Non-seulement nous devons tous apprendre à veiller au salut de la patrie, non-seulement, nous devons être des soldats instruits et disciplinés, mais nous devons encore aimer passionnément la France qui nous a prodigué, en même temps tous les bienfaits : *Prospérité, Progrès, Civilisation, Instruction.*

Les Gaulois, les Francs et les soldats de la grande Révolution, ne sont-ils pas les frères en héroïsme des Corses des premiers âges, des soldats de Sampiero et de Paoli ? Comme eux, pendant de longs siècles, ils ont souffert, ils ont combattu, ils ont répandu leur sang pour la conquête des grands principes d'égalité et de liberté. Et depuis 1789 n'avons-nous pas travaillé ensemble pour faire la France telle qu'elle est aujourd'hui : grande, respectée et libre ? Un lien indissoluble de reconnaissance, d'amour, de fierté légitime, nous rattache à la France qui nous a versé l'instruction à pleines mains, qui s'est imposée des sacrifices énormes, soit pour la construction de nombreuses écoles soit pour la fondation de bibliothèques populaires, et qui nous aime comme une mère aime ses enfants.

Emancipation par le livre et par l'école, par la science et par l'éducation, ce seul bienfait parmi tous ceux dont elle nous a comblés, suffirait pour lui mériter tout notre amour.

Je me suis peut-être laissé un peu trop entraîner par mes sentiments patriotiques; vous me le pardonnerez, mes chers compatriotes, car je l'ai fait dans un but louable. J'ai voulu vous démontrer que l'Ecole doit servir à instruire et à moraliser la jeunesse; que son but est surtout de préparer des *hommes,* avant de faire des savants.

Il est par conséquent essentiel que la jeunesse ait entre les mains des livres qui enseignent la morale, en lui mettant sans cesse sous les yeux des exemples de grandes et nobles vertus.

Je vous ai parlé, dans cette préface, des deux vertus à l'aide desquelles peuvent s'entreprendre les plus belles actions: **la fraternité et le courage.**

Dans ce modeste ouvrage que je vous dédie, mes jeunes compatriotes, je me suis efforcé de vous donner des exemples frappants d'héroïsme, d'amour du bien, de dévoûment et de patriotisme.

Je souhaite ardemment que mes jeunes lecteurs y trouvent quelque intérêt. Je serais amplement récompensé de mon travail, s'ils pouvaient en recueillir quelques leçons utiles, quelques enseignements profitables.

Un dernier conseil, mes jeunes amis. N'héritez pas des haines politiques de vos pères ; ne continuez pas ces dissensions insensées qui nous affaiblissent ; ne songez qu'à faire de bons citoyens et d'excellents soldats. En un mot, préparez-vous pour le jour suprême où un chef vaillant et populaire vous appellera sous les drapeaux.

Que ce jour là, il y ait autant de héros que de Corses.

Christophe Colomb et son fils Diégo au couvent de la Rabida.

CHRISTOPHE COLOMB

SON CARACTÈRE
SA VÉRITABLE PATRIE (1)

(1) Voir l'Appendice fin du volume.

CHAPITRE PREMIER

> « Il viendra un siècle où l'Océan, brisant ses liens, fera voir une vaste région ; Téthys (1) découvrira de nouvelles terres, et Thulé (2) ne sera plus aux confins du monde. »
>
> (SÉNÈQUE, Trag. de *Médée*.)

I

En l'année 1453, il y avait déjà 258 ans que la Corse subissait le joug tyrannique des Génois. Or, à cette époque, il existait une certaine compagnie de Saint-Georges qui faisait des prêts à la république de Gênes, laquelle lui donnait en paiement le revenu de ses gabelles ; mais ces revenus étant limités, et le trésor s'épuisant rapidement, les Génois pensèrent qu'ils pourraient aisément tirer de l'argent de cette île de Corse qui les tracassait si fort, et qui les ruinait de plus en plus. L'association de Saint-Georges s'empressa d'accepter le marché avantageux

---

(1) Déesse de la mer.
(2) Ile qui était pour les Romains l'extrême limite septentrionale du monde connu et qui faisait partie des îles appelées aujourd'hui Shetland.

qui lui était proposé, et elle prit possession de la Corse, moyennant cent mille francs. Pour ce prix, devenir les souverains maîtres d'une île de 875,000 hectares de superficie et de 400,000 habitants, avoir la faculté de brûler et piller des villages, d'assassiner les citoyens et de s'enrichir de leurs dépouilles, c'était un beau rêve pour les bandits qui composaient cette *magnifique* (1) compagnie.

Les Corses du deçà des monts obéissaient volontairement aux Génois ; ceux du delà, avaient été réduits à l'impuissance par la force et par la trahison ; les montagnards du Niolo, seuls, ne pouvaient se décider à reconnaître l'autorité de la République; ils défendaient leur vallée avec acharnement et ils l'auraient certainement fait avec succès, sans la trahison de plusieurs chefs de parti auxquels ils avaient accordé l'hospitalité. Les Génois, en témoignage de leur admiration pour cette héroïque résistance des Niolains, les chassèrent de leur piève, et brûlèrent leurs maisons, leurs vignes et leurs châtaigniers.

Dix-huit ans avant la cession de l'île à la compagnie de Saint-Georges, en 1435, Chris-

---

(1) Ainsi qu'elle se qualifiait.

tophe Colomb voyait le jour dans la ville de Calvi, capitale de la Balagne. Le grand navigateur passa son enfance dans ce pays insurgé ; il y apprit de bonne heure, de quelle façon les Génois traitaient les Corses; et, quelques années plus tard, lorsqu'il aura mûri son glorieux rêve, il comprendra que, pour le réaliser, pour obtenir des secours de la République, il lui faudra oublier la haine séculaire de ses aïeux, il lui faudra surmonter tout le dégoût que lui inspire le nom génois ; car l'intérêt du monde chrétien lui commande d'aller à la recherche de ce monde nouveau qui doit lui donner les richesses nécessaires à la délivrance du Saint-Sépulcre. Dès ce moment, il cachera, avec soin sa véritable origine, et renfermera au plus profond de son cœur, son amour pour sa malheureuse patrie opprimée par des chrétiens plus barbares que les musulmans qu'il a l'intention de combattre ! Le bonheur de sa patrie, qu'il rêvait d'affranchir, la gloire de la chrétienté, la prospérité de la vieille Europe, voilà ce que Christophe Colomb avait en vue, en allant chercher un continent inconnu.

II

En 1460, Colomb, âgé de vingt-cinq ans, fut envoyé à Tunis par le roi René comte de Provence. Ce roi était un très bon artiste et de plus un excellent prince, qualité rare parmi les souverains. Il savait concilier, d'une façon admirable, l'amour de la justice et l'amour des arts avec les devoirs de la royauté, et il oubliait facilement les vicissitudes du trône. On raconte qu'un jour, alors qu'il était occupé à peindre une belle perdrix grise, on vint lui apprendre que Louis XI l'avait dépossédé de l'Anjou ; René, sans s'émouvoir, se contenta de répondre : « C'est bien » et continua son travail. Des pirates sarrasins ravageaient les côtes de Provence ; le roi René, depuis plusieurs années, les poursuivait sans relâche, et il avait donné l'ordre au marin Christophe Colomb de capturer la galère *Fernandine*. Arrivé à la hauteur de l'île San-Pietro, située au sud-ouest de la Sardaigne, Colomb apprit que la galère qu'il poursuivait était accompagnée de deux caraques et d'une caravelle, et il en informa les gens de son équipage ; ceux-ci renoncèrent à aller plus loin, et proposèrent de retourner à Marseille pour y chercher du renfort ; mais ce n'était pas l'intention de leur chef. Ne pouvant imposer sa volonté par la force, Colomb fit semblant de se conformer à leur désir, puis il changea le point de la boussole et fit déployer toutes les voiles. Les marins étaient convaincus qu'ils allaient aborder à Marseille, et comme il faisait nuit, ils ne purent se rendre compte du chemin que leur capitaine avait fait suivre au navire. Ils avaient dépassé le cap de Carthagène, le soleil levant éclairait de ses rayons brûlants les côtes africaines, et ils se croyaient tout près des côtes de France. Vaincus par la ruse de leur chef, ils durent n'écouter que sa volonté.

En 1468, les deux républiques de Gênes et de Venise étaient en guerre, et Colomb avait pris du service sur un bâtiment génois qui faisait partie d'une flottille de corsaires. Ayant appris que quatre galères vénitiennes revenaient de Flandre avec un riche butin, les Génois voulurent s'en emparer, et la rencontre eut lieu sur les côtes du Portugal, entre Lisbonne et le cap Saint-Vincent.

La caravelle de Colomb engagea ses vergues dans les vergues d'un navire ennemi, et jeta ses grappins. Les grenades enflammées tombaient sur les navires, rapides et redoublées comme une grêle ; les hunes et les passe-avant des bâtiments vénitiens s'allumèrent comme des ifs aux jours de fête. Au grondement de cette avalanche de mitraille se mêle le pétillement de la fusillade, et au milieu de ce bruit infernal une voix de stentor se fait entendre, comme celle d'un être surnaturel dont la parole dominerait les roulements formidables du tonnerre : « Courage, mes enfants ! courage ! amarrez le beaupré au château de poupe et à l'abordage ! » Et, joignant l'exemple au commandement, Colomb s'élance sur l'arrière du bâtiment ennemi, suivi par les marins génois qui arrivent sur le pont, par le bout des vergues, par les bastingages, par les grappins. Alors il y eut une scène de confusion terrible, un combat corps à corps, un duel général : à la fusillade, à la pluie de flèches, à l'explosion de grenades, avait succédé l'arme blanche, plus silencieuse et plus sûre, chez les marins surtout, qui sont, pour cette lutte, les dignes héritiers des géants antiques. C'est avec la hache dont ils enfoncent la pointe dans les bordages du vaisseau ennemi que les marins s'aident à escalader le pont, c'est avec elle qu'ils se fendent la tête ; c'est avec la pique qu'ils se clouent aux mâts ; c'est avec le coutelas qu'ils s'ouvrent la poitrine.

Tout à coup, au plus fort de la mêlée, l'incendie se propage, prompt comme l'éclair, sur les navires vénitiens et génois ; on met en mouvement toutes les pompes de bois, mais les vaisseaux sont amarrés si étroitement les uns aux autres qu'il est impossible d'arrêter le feu. Pour éviter de périr dans cette horrible fournaise, les combattants se jettent à la mer, préférant l'eau aux flammes. Le péril n'est pas moins grand, car l'océan s'étend sur un espace de deux lieues avant d'atteindre la côte. Colomb est bon nageur et il pense pouvoir arriver à terre sans trop de peine. Il s'aide d'une rame, et, après quatre heures de cet exercice périlleux et fatigant, il pousse un soupir de satisfaction sur la terre portugaise.

III

Après s'être reposé quelque temps, Colomb se rendit à Lisbonne.

Au couvent de la Toussaint où il avait coutume d'aller entendre la messe, il remarqua une jeune pensionnaire jolie et distinguée, et, désireux de se créer une famille avant de se lancer dans l'entreprise qu'il méditait depuis de longues années, il demanda sa main à ses parents. Cette jeune demoiselle qui s'appelait Felipa Moñis de Palestrello, appartenait à une famille noble, plus noble par ses vertus que par sa fortune. Dona Felipa n'était pas riche, Colomb l'était moins encore ; mais, à eux deux, ils possédaient des trésors inestimables : jeunesse, vertus, génie.

Barthélemy de Palestrello était un des premiers navigateurs de son temps ; il venait de fonder une colonie à Porto-Santo, une des îles du groupe de Madère, et il était trop intelligent pour ne pas pressentir la gloire de Christophe Colomb auquel il accorda avec empressement la main de sa fille.

Quelques mois après le mariage, le beau-père de Colomb étant mort, les jeunes époux allèrent vivre auprès de madame de Palestrello, dans une petite maison, sur les bords du Tage. Dans cet endroit paisible et charmant, entouré de sa nouvelle famille qu'il adorait, recevant, chaque jour, les caresses de sa tendre épouse et les encouragements de sa belle-mère qui l'entretenait des voyages de son défunt mari, et qui lui donnait, à l'appui de ses récits, les journaux, les cartes et les instruments de marine laissés par le fondateur de Porto-Santo, Colomb eut confiance en son étoile ; il puisa, au sein de cette vie calme et heureuse, l'énergie qu'il montra plus tard dans les circonstances difficiles, énergie qui lui fit attendre sans défaillance, pendant vingt-quatre ans, la réalisation de ses espérances.

Les Portugais, suivant la voie tracée par les navigateurs français, venaient de planter leur drapeau au nom du roi don Henri sur les côtes orientales et occidentales de l'Afrique, à Madère, aux Açores et dans les îles Canaries. A Lisbonne, Colomb eut les moyens et le loisir d'étudier les routes nouvelles ouvertes par de hardis marins. Il fabriquait lui-même des cartes et des globes pour faire vivre sa famille ; et il employait une partie de son modique revenu, à l'entretien de son vieux père, et à l'éducation de ses deux jeunes frères. Sa belle-sœur, ayant épousé un navigateur célèbre, Pedro Correa, ancien gouverneur de Porto-Santo, toute la famille se rendit dans cette île, où Colomb possédait quelques biens en héritage de sa femme. Là, comme dans la petite maison de Lisbonne, on s'entretenait souvent de voyages lointains. Christophe Colomb et Pedro

Correa étaient faits pour se comprendre ; et en se communiquant leurs idées et leurs impressions, ils ne pouvaient qu'en tirer profit.

Pedro racontait qu'un jour il avait vu une pièce de bois sculptée apportée à l'île de Porto-Santo par un vent d'ouest, et que des pilotes portugais avaient vu une pièce semblable, ainsi que d'immenses roseaux venus aussi de l'ouest, flotter jusqu'aux Canaries et même jusqu'au cap Saint-Vincent. Les habitants des Açores, parlaient de troncs de pins monstrueux, d'une espèce inconnue, et donnaient des détails sur les cadavres de deux hommes jetés sur la plage de l'île de Flores, une des Açores : hommes dont les traits ne ressemblaient à ceux d'aucune race connue. Mille bruits circulaient sur des îles mystérieuses qu'on apercevait quelquefois dans l'Océan. Un habitant de Madère, Antonio Leone, raconta à Colomb qu'il avait vu, un jour, trois îles dans le lointain. Les habitants des Canaries étaient encore plus affirmatifs : par un beau soleil, une île montagneuse d'environ quatre-vingts lieues de longueur, leur était apparue, se mirant à l'horizon ; ils avaient même remarqué que les montagnes étaient couronnées d'arbres géants, et certains d'avoir découvert une île merveilleuse, ils s'adressèrent au roi de Portugal pour obtenir la permission de s'en emparer. Dans les déserts africains, plaines immenses, où l'eau est remplacée par le sable, et la verdure par les moustiques, alors que le voyageur égaré, exténué par la fatigue, embrasé par la soif, donnerait un trésor pour se reposer au pied d'un palmier et la moitié de sa vie pour se désaltérer dans une mare, il aperçoit, à quelque distance, un vallon divin baigné de vapeurs irisées ; une source limpide comme le cristal le plus pur arrose, de son eau aux reflets chatoyants, le pied des dattiers et des jujubiers, et le soleil entoure d'une auréole de feu cette charmante oasis. L'homme avance toujours et il n'approche jamais : le mirage enchanteur, pareil à une bulle de savon, s'est fondu dans la brûlante atmosphère, emportant avec lui le dernier espoir du voyageur. L'île merveilleuse découverte par les Canariens au milieu de l'Océan était comme cette oasis du désert africain, faite de vapeurs et d'illusions.

Le projet de Colomb, sans cesse bercé par ces récits encourageants, était de franchir cette mer ténébreuse qu'on n'avait jamais pu parcourir à cause de sa navigation difficile, cet océan Atlantique où la Fable avait placé le séjour des morts ; de débarquer sur les rives orientales de l'Asie, de visiter par une voie entièrement nouvelle, tout opposée à l'ancienne, le pays des Mongols : en un mot, de chercher l'Orient par l'Occident. Il se lia à Lisbonne avec Lorenzo Giraldi, négociant de Florence qui lui apprit que le roi de Portugal, Alfonse V, avait chargé le chanoine Fernando Martinez de demander au célèbre géomètre italien Toscanelli, dont la réputation était européenne, une instruction détaillée sur le chemin de l'Inde par la voie de l'Ouest. Ce savant avait alors soixante-dix-sept ans. Il répondit à Fernando Martinez le 25 juin 1474 :

« Quoique j'aie souvent traité des avantages de cette route, je vais encore aujourd'hui, d'après la demande expresse que m'a fait adresser le sérénissime roi, donner une indication précise sur le chemin qu'il faut suivre. Je pourrais, un globe à la main, démontrer ce que l'on désire ; mais j'aime mieux, pour faciliter l'intelligence de l'entreprise, marquer le chemin sur une carte semblable aux cartes marines, où j'ai dessiné moi-même toute l'extrémité de l'occident depuis l'Irlande jusqu'à la fin de la Guinée vers le sud, avec toutes les îles qui se trouvent sur cette route. J'ai placé vis-à-vis des côtes d'Irlande et d'Afrique, droit à l'ouest, le commencement des Indes avec les îles et les lieux où vous pourrez aborder. Vous y verrez aussi à combien de milles vous pourrez vous éloigner du pôle arctique vers l'équateur, et à quelle distance vous arriverez à ces régions, si fertiles et si abondantes en épices et en pierres précieuses. Vous ne serez pas surpris que je nomme, ici, le couchant le pays aux épices, appelé généralement, parmi nous, le Levant; car ceux qui continueront de naviguer à l'ouest trouveront vers l'occident ces mêmes lieux, que rencontrent ceux qui vont par terre dans la direction de l'est. »

Colomb, dès qu'il eut connaissance de cette lettre, se mit en rapport avec l'auteur dont il partageait les vues, et, dès ce moment, sa tâche fut toute tracée. Il ne lui restait plus qu'à l'accomplir, en allant à travers les ténèbres pour y chercher la lumière.

Après avoir visité les régions méditerranéennes, il parcourut la mer du Nord, et il dit dans un de ses mémoires : « En février de l'an 1477, je naviguais cent lieues au delà de l'île de Thulé, dont la partie méridionale est sous le soixante-troisième degré, et non sous le soixante-treizième, comme quelques-uns le prétendent ; elle est beaucoup plus à l'occident de la ligne qui, dans Ptolémée, marque l'occident. Cette île est aussi grande que l'Angleterre ; c'est un lieu de trafic pour les Anglais. A l'époque où je la visitai, la mer n'était pas congelée, et les marées étaient si fortes, que, dans quelques endroits, le niveau s'élevait à vingt-six brasses et descendait d'autant. Ce n'est pas la Thulé dont parle Ptolémée ; l'île dont je parle s'appelle aujourd'hui Islande. » Ainsi, voyageant, sans cesse, au milieu des obstacles et des privations qui assiègent toujours un aventurier sans fortune, Colomb nourrissait de hautes et nobles pensées, formait dans son esprit des projets d'expéditions glorieuses. Les dures leçons de sa jeunesse lui donnèrent cette fertilité de ressources, cette indomptable résolution, cette fermeté de caractère, et ce courage stoïque, qui sont le plus beau fleuron de la couronne qu'il a conquise dans le nouveau monde.

IV

Colomb était pauvre, et son projet était colossal. La médiocrité de sa fortune l'obligeait de communiquer des vues qu'il ne pouvait exécuter qu'avec de puissants secours. La Corse ne possédant pas les ressources qui lui étaient nécessaires, il crut les obtenir de la république de Gênes, par l'entremise de Giovanni Fregoso, génois ami de sa famille, qui avait épousé une femme de Calvi ; mais Giovanni était le père de Tommasino que les Corses venaient de choisir pour leur chef; Colomb était Corse, et la République avait perdu le goût des voyages, car elle commençait à voir le tort immense que les découvertes des Portugais causaient à son commerce : c'était autant de raisons pour rejeter les propositions qui lui étaient faites. A l'encontre des Génois, les Portugais étaient passionnés pour les découvertes; la cour se montrait toujours prodigue pour les entreprises maritimes, et elle ne manquait pas de récompenser royalement tous ceux qui les dirigeaient. Colomb, poussé par ces considérations qui flattaient ses désirs et sa noble ambition, sollicite une audience du roi Jean II, qui venait de succéder à Alfonse, lui communique son projet, réfléchi dans le silence de l'étude, et dresse le plan savamment combiné du voyage qu'il veut entreprendre, par lequel si l'état consent à lui fournir des hommes et des vaisseaux, il s'engage à parvenir aux Indes par une route moins longue et plus directe que celle qu'on suivait, en cinglant droit à l'ouest, à travers l'océan Atlantique. On connaissait à Lisbonne, qui était le rendez-vous des hommes les plus habiles en géographie, en astronomie et en navigation, le mérite de Colomb, et l'on savait qu'il avait joint une longue pratique à ses connaissances maritimes.

Les dépenses nécessitées par une si grande entreprise, devaient être considérables, aussi le roi Jean II hésita-t-il, tout d'abord, à grever son budget déjà bien endommagé, pour une expédition qui serait peut-être infructueuse. Néanmoins, enthousiasmé par le récit de Colomb, il chargea un conseil spécial de la direction des affaires maritimes d'examiner le projet qui lui était soumis. Ce conseil était composé de deux célèbres astronomes, Joseph et Roderigo ; ces savants, à l'exemple de beaucoup de leur semblables, se figuraient être supérieurs à tous les autres hommes ; et ils ne pouvaient admettre qu'un pauvre marin, pût voir la lumière, là où ils ne voyaient que les ténèbres ; ils ne savaient pas que la science qu'ils possédaient était humaine, tandis que le génie de Colomb était divin. Idée chimérique et extravagante : voilà comment fut jugé le merveilleux projet de Colomb.

Cependant, le roi ne voulut pas adopter cette sentence, et il consulta son conseil privé, qui comptait, parmi ses membres, les prélats les plus instruits du royaume. Deux opinions contraires s'y élevèrent. Diego Ortiz de Cazadilla, évêque de Ceuta et confesseur du roi, se prononça nettement contre Colomb : « Lorsque l'on désire prendre, disait-il, une résolution pour une entreprise qui intéresse le pays tout entier, et qui est si considérable que sa réussite peut apporter la gloire et la richesse à tout un peuple, tandis que son insuccès est capable de le ruiner, tout en le rendant la risée de l'Europe, il est nécessaire de voir si cette entreprise a quelque fondement, si elle est utile, si elle est glorieuse, si elle est juste. Celle que Christophe Colomb propose, offre-t-elle une seule de ces garanties ? Je ne le crois pas. En effet, elle ne peut-être exécutée qu'avec des dépenses considérables, en sacrifiant un bien certain à des espérances incertaines, en morcelant les forces dont nous avons besoin pour lutter contre nos ennemis, en exposant la fleur de la jeunesse aux périls d'une navigation dont on ne peut prévoir la durée. Songez aux sommes énormes englouties par une expédition semblable ; songez surtout aux vaillants soldats qui trouveront peut-être un tombeau au fond de cette mer ténébreuse dont on vous berce aujourd'hui, en faisant résonner à vos oreilles les mots les plus brillants, les plus séduisants : gloire, richesses, prospérité pour le peuple, puissance pour le souverain. Certes, messieurs, ce langage est tout nouveau pour vous et c'est sa nouveauté même qui vous séduit et qui vous le fait discuter avec tant de chaleur, avec tant d'intérêt. En vous parlant ainsi, je suis animé, croyez-le bien, des sentiments patriotiques les plus purs, et je suis amené, malgré moi, à jeter les yeux au delà du détroit ; et là, je vois d'implacables ennemis qui ne manqueraient pas de profiter de la pénurie du trésor et de la division de nos forces. Croyez-moi, ne lâchez point la proie pour l'ombre. La proie, ce sont les Mores d'Afrique, ennemis du royaume, ennemis de notre religion, barbares qui ne respirent que notre ruine ; avec eux nous acquerrons la paix, la prospérité et la gloire. L'ombre c'est l'inconnu, ce sont les ténèbres, et je ne pense pas que Colomb ait hérité de la lampe merveilleuse d'Aladin pour nous apporter autre chose de son voyage, que de grandes pertes en hommes et en argent. Contentons-nous de porter la guerre en Afrique ; là, vous trouverez, tout à la fois, le juste, le glorieux et l'utile. Les Africains sont belliqueux, leurs richesses sont incalculables, et leur haine contre notre religion ne s'éteindra qu'avec leur race maudite : ces trois raisons ont engagé nos rois à leur faire une guerre éternelle. A l'exemple de nos ancêtres, vous préférerez la réalité à la chimère, et, comme eux, vous serez les défenseurs de nos droits et de notre culte. »

L'évêque de Ceuta n'était pas partisan de l'expansion coloniale. C'était un homme prudent, excessivement pratique, préférant, pour le bien de sa religion, détruire quelques milliers de Sarrasins, que de courir la chance de trouver dans des pays inconnus, des sauvages à convertir.

Pierre de Noronha, comte de Villareal, partisan de Colomb, répondit en ces termes :

« On a pris l'habitude, messieurs, dans toutes les grandes occasions, d'agiter, devant vous, le spectre de ces barbares qui étaient hier nos plus redoutables ennemis, et qui sont aujourd'hui aussi faibles que leur haine contre nous est grande. Je sais bien, qu'il n'y a pas longtemps, alors que les Mores avaient soumis l'Espagne et le Portugal, nous gémissions sous leurs fers, et que toutes nos forces n'étaient pas suffisantes pour opposer une digue à leurs cruautés. Mais aujourd'hui que nous avons repoussé au delà des mers tous ces barbares musulmans, que nous possédons des villes et des ports dans leur pays, le spectre des Mores ne peut servir que d'épouvantail pour les petits enfants, et n'est pas capable de nous émouvoir. La gloire de la nation, le bien de l'état, et l'intérêt de la religion, nous invitent à de plus nobles entreprises. Depuis plusieurs années le Portugal s'est placé à la tête des nations européennes par ses grandes découvertes, par la hardiesse et l'habileté des navigateurs qui ont planté notre drapeau dans de nouvelles contrées ; il ne faut pas perdre, en un jour, cette juste réputation, en laissant à un autre pays les profits de l'expédition qui vous est proposée. Il se peut que le projet de Colomb soit douteux, mais cela ne doit pas nous faire abandonner le dessein de porter la renommée de nos armes jusques aux extrémités de l'Asie. L'Europe et l'Afrique en ont éprouvé la force ; soumettons les Orientaux, et rien n'égalera notre gloire. N'avons-nous point appris par l'expérience qu'il n'est pas de nation plus contraire à notre religion que les Mores ; allons donc chercher des peuples plus dociles et moins opposés par leurs mœurs et par leur caractère aux vérités de la loi de Jésus-Christ. Si vous prenez intérêt aux progrès de la religion, si vous avez souci de la prospérité du peuple et de la gloire de notre bien aimé souverain, si vous voulez voir le nom portugais respecté et admiré dans tout l'univers, traversons ces mers que l'ignorance et la crainte ont déclarées ténébreuses, franchissons hardiment cette barrière qui nous sépare des peuples orientaux; établissons, entre eux et nous, un commerce florissant, éclairons-les des lumières de l'Evangile, et n'abandonnons point honteusement des entreprises devant lesquelles nous n'avons jamais reculé. Que diriez-vous, aujourd'hui, si vous n'aviez pas tenté toutes nos précédentes expéditions, et si d'autres nations en avaient recueilli les fruits ? Nous ne craignons rien de nos voisins : les Mores sont assez embarrassés pour la défense de leur pays, et par cela même, sont loin de songer à porter la guerre ailleurs ; la paix règne entre la Castille et le Portugal; et si les Espagnols voulaient l'enfreindre, les richesses que nous retirerions des Indes, serviraient à nous mettre plus en état que nous l'avons jamais été de réprimer leurs efforts ambitieux. Est-ce que ce ne sera pas une tâche juste, utile et glorieuse de travailler à la conversion d'une foule de peuples qui vivent dans l'ignorance de notre foi, d'établir, entre eux et nous, des rapports commerciaux importants, et croyez-vous, que si nous ne nous laissons pas rebuter par les difficultés que l'on rencontre forcément dans de pareilles entreprises, nous ne parviendrons pas à compenser les sacrifices que nous aurons faits ? Le drapeau portugais ne rapporterait-il de ce voyage qu'un rayon de gloire, qu'il n'y aurait pas d'hésitation possible. »

Le roi Jean était un monarque intelligent, actif, très instruit, et il se flattait justement d'être le Mécène des navigateurs. La hardiesse et la nouveauté du plan de Colomb ne pouvaient l'effrayer ; bien au contraire. Il vit de suite les avantages immenses qu'on pouvait retirer de la découverte de nouvelles terres, et tout en ayant l'air d'être gagné à la cause du marin corse, il fit partir secrètement une caravelle sous prétexte d'approvisionner les îles du Cap-Vert, mais, en réalité, pour suivre la route indiquée par Colomb, dans le but de s'àssurer/s'il y avait quelque fondement dans la théorie qu'il avait émise, théorie défendue si chaleureusement devant le conseil, par le comte de Villareal, et pour recueillir tout le bénéfice qui pouvait revenir du succès de cette entreprise. En agissant ainsi, contrairement à tout principe de loyauté et de justice, le gouvernement portugais ne se doutait pas qu'il serait dupe de sa mauvaise foi, et que sa fraude ne lui rapporterait que honte et dépit. En quittant les îles, la caravelle vogua directement à l'ouest durant plusieurs jours ; mais bientôt le ciel étant devenu sombre, et l'océan agité par un vent furieux, les marins qui ne s'étaient jamais aventurés en d'aussi lointains parages, qui étaient inhabiles à diriger leur vaisseau, hors de la vue des côtes, par l'aspect des astres, virent bien que s'ils continuaient, ils seraient à la merci des flots, et ils rebroussèrent chemin en se dirigeant vers Lisbonne. A leur arrivée, afin de masquer leur lâcheté et leur ignorance, ils traitèrent le plan de Colomb de projet chimérique, extravagant et [inexécutable, et ils employèrent toute leur imagination pour démontrer combien il était dangereux de s'avancer dans cette mer, où ils avaient échappé, grâce à leur *habileté*, à des périls sans nombre.

On était à la fin de l'année 1484. Colomb venait de perdre sa femme ; aucun lien ne le retenait plus dans ce pays qui se comportait aussi indignement à son égard ; il quitta secrètement Lisbonne avec son fils Diego, et se rendit à Gênes pour y renouveler ses propositions.

Enfant de Calvi, il se disait Génois ; cette ville étant demeurée fidèle à la République qui avait fait inscrire sur la porte d'entrée de la citadelle : *Civitas Calvi semper fidelis*, et il ne trouvait même pas, auprès de l'ingrate nation, l'appui qu'il sollicitait. Le sang corse qui circulait dans ses veines lui portait malheur près des tyrans de sa patrie. Il se consola de cette nouvelle déception, en revoyant son vieux père, et, après quelque temps passé au foyer paternel, il se remit en route pour aller demander aux magistrats de la puissante république de Venise, les vaisseaux et les hommes qui lui étaient nécessaires pour découvrir le nouveau continent. Le gouvernement de Venise était peu favorable aux entreprises maritimes ; il vit, dans le nouveau projet qui lui était soumis par un ennemi — Gênes et Venise étaient alors en guerre — le coup fatal que cette découverte porterait au commerce de la République, et il lui sembla déjà entrevoir, en rêve, la ruine de la marine vénitienne, au profit des Portugais et des Espagnols.

Colomb, quoiqu'il fût à bout de ressources, ne voulut pas encore se décourager. Une lueur d'espoir lui restait. L'adversité était peut-être lasse de le poursuivre. Insouciant pour lui-même, sans pain, presque sans vêtements, n'ayant pour toute fortune, à l'âge de cinquante ans, qu'une idée plus vaste, il est vrai, que tous les pays qui lui avaient refusé leur appui ; il voyage avec autant de plaisir qu'à vingt ans et confiant encore en son étoile, malgré, ou plutôt à cause de ses infortunes, il se dirige vers l'Espagne où règnent Ferdinand et Isabelle.

V

A une demi-lieue de Palos de Moguer, la Palus Eneph des Mores, petite ville de l'Andalousie, à l'embouchure du Tinto, il y a, en vue de l'océan, un promontoire rapide et sec, entouré d'une ceinture de vignobles parsemés de citronniers, d'orangers, de figuiers et de grenadiers ; le sommet était couronné de pins larix, de châtaigniers et d'oliviers, et, sous ce dôme majestueux de feuillage sombre, un monastère gothique élançait son clocher par dessus la cime des plus grands arbres, dont les senteurs pénétrantes et salutaires, l'arôme du citronnier et de l'oranger, l'odeur résineuse du larix, s'unissaient aux suaves parfums du thym et des lavandes qui poussaient à leurs pieds. Ce monastère, dédié à la Vierge, était habité par des religieux de Saint-François, et s'appelait Santa-Maria de la Rabida. Tout badigeonné de chaux, selon la mode arabe, ce monument n'offrait aucune unité de style ; on voyait qu'il avait été agrandi à différentes époques, suivant les besoins, et que l'on avait été plus soucieux de l'espace et des commodités que de la symétrie et de l'architecture. L'enceinte renfermait deux cloîtres intérieurs, une chapelle à portail de forme ogivale, et un jardin, où les palmiers et les aloès s'allongeaient en files compactes, foudroyant de leur hauteur les jasmins moresques qui mêlaient leurs gracieuses petites fleurs aux pampres de la treille, festonnant le promenoir d'été, bordé d'une ceinture parfumée d'orangers et de citronniers au milieu de laquelle se trouvait placé comme un diadème de saphirs et de rubis, un parterre de roses d'Arabie et de myosotis aux mignonnes fleurs d'azur.

De la toiture du couvent, dont la coupole entourée d'une rampe en maçonnerie, avait pu servir d'observatoire, le regard embrassait, du côté de la terre, un vaste horizon. Des plaines immenses et fertiles, arrosées par le Guadalquivir, il s'étendait de la Sierra-Morena aux montagnes du Portugal, dont la Guadiana, en traçant la frontière, baigne les soubassements. Du côté de la mer, le regard se perdait dans le vaste océan et l'observateur se demandait qu'elle était la plus étendue de ces deux nappes bleues qu'il apercevait presque confondues. Océan mystérieux, aussi insondable que la voûte des cieux. Le franciscain qui, de sa fenêtre, se livrait à ces pensées, était loin de songer qu'au même moment, un homme se trouvait là, tout près, portant dans son cerveau la clé de cette mer ténébreuse.

On était au mois de janvier 1486.

A la tombée de la nuit, un homme d'une cinquantaine d'années, couvert de haillons et accompagné d'un enfant de douze ans, s'arrêta devant la porte du couvent de la Rabida et, après avoir hésité quelques instants, il entra et demanda au portier un peu de pain et d'eau. Le prieur du couvent, Juan Perez de Marchena, avait remarqué cet étranger au front vaste, au regard inspiré, au maintien noble et modeste. Il voyait empreinte sur son visage, la trace des grandes souffrances et des luttes ardentes qu'il avait vaillamment supportées ; il désira connaître son histoire. Colomb lui raconta toutes les misères de sa vie et lui dévoila son projet.

Le prieur, homme très instruit, connaissant à fond la géographie et la science nautique, prenait, depuis de longues années, un vif intérêt aux expéditions lointaines et aux découvertes des navigateurs français et portugais ; il fut charmé du savoir de Colomb, et de son intelligence supérieure ; il fut touché de ses malheurs ; dès ce moment ils contractèrent un pacte d'amitié et d'assistance mutuelle qui devait durer jusqu'à leur mort. Le digne prieur commença par rallier à la cause de Colomb, un de ses amis, Garcia Fernandez, savant médecin de Palos ;

puis il invita les vieux pilotes du port à apporter le tribut de leur expérience dans les conférences du cloître de la Rabida. Un jour, l'un d'entre eux, raconta que dans le cours d'un de ses voyages, il avait été emporté fort loin au nord-ouest de l'Islande, dans une mer calme, ce qui, selon lui, était un indice du voisinage de la terre dans cette direction. Ainsi, ces quelques hommes, aussi modestes que savants, voyaient à eux seuls, plus clair que tous les savants d'Espagne, de Portugal, de Venise et de Gênes.

Juan Perez, convaincu non-seulement de la possibilité de l'entreprise, mais encore de son succès, recommanda son hôte et ami à un personnage considérable, à Fernando de Talavera, prieur du monastère du Prado, qui jouissait d'une grande influence auprès de la reine Isabelle, dont il était le confesseur.

Comme on le voit, dans ce paisible couvent de franciscains, la plus merveilleuse conception de l'humanité fut développée par le génie, et accueillie par l'enthousiasme. Les religieux étaient aussi peu ambitieux et aussi peu égoïstes qu'ils étaient modestes et bienveillants. Dans le silence du cloître, ils devenaient savants, et ils apprenaient à mépriser la jalousie et les mesquineries du monde ; c'est pourquoi ils crurent à la sphéricité de la terre, à l'existence d'îles et de continents inconnus, et à la possibilité d'y parvenir ; alors que, dans toutes les universités et académies, on regardait ces idées comme le songe d'un cerveau mal équilibré.

Au mois d'avril 1486, Colomb prit congé du prieur de la Rabida, auquel il laissa son fils, et se rendit à la résidence royale de Cordoue.

VI

Ferdinand et Isabelle étaient, alors, occupés à pousser avec une grande vigueur la guerre contre les Mores, qui, après des luttes séculaires, s'étaient retranchés dans l'enceinte des montagnes de Grenade, leur dernier rempart en Espagne. Cette longue guerre, sans trêve ni merci, valut au roi d'Espagne et à ses successeurs le titre de Majesté Très-Catholique, titre bien chèrement payé par plusieurs siècles de combats et de souffrances. Les eaux du Guadalquivir ne furent pas toujours limpides, et on vit, bien longtemps, les rives dorées du Tage, teintes de pourpre.

Colomb était arrivé à Cordoue plein d'espoir ; mais il fut, une fois de plus, cruellement déçu dans son attente : le confesseur de la reine, loin de se montrer son protecteur, le traita de visionnaire.

Pareils à ces insectes appelés bourdons, sans doute parce qu'ils font beaucoup de bruit, et qui, incapables de faire quoique ce soit d'utile, tournent autour des ruches, pour y semer le désordre, les courtisans encombrent toujours les antichambres des cours pour y étaler leur suffisance et leur morgue. Pour eux, les apparences font loi ; l'intelligence se mesure à la richesse du pourpoint, et le courage s'appelle toujours *don* Diego ou *don* César ; l'homme qui porte le titre de *don*, et qui n'en a aucun, est un grand génie, s'il possède cent milles réales de rente.

La pauvreté du costume de Colomb formait un contraste trop frappant avec la magnificence de son projet; les courtisans mieux doués pour juger ces sortes de choses que pour établir la différence qu'il y a entre un crétin et un homme de génie, en furent choqués ; ils trouvèrent le grand homme ridicule. Les moustiques se moquaient du lion.

Heureusement pour Colomb, l'Espagne avait deux souverains capables de le comprendre : Isabelle, reine de Castille, femme d'une grande intelligence, à l'esprit élevé et entreprenant ; et Ferdinand, roi d'Aragon, son époux, qui ne manquait pas de mérite, bien qu'il fût d'un caractère trop circonspect.

Peut-on reprocher à la cour d'Espagne la lenteur qu'elle mit à se rendre compte de l'utilité du plan de Colomb ? Non. L'Espagne combattait les Mores, la cour suivait les armées de Cordoue à Salamanque, de Malaga à Tolède ; le trésor était épuisé ; dans ces conditions, on ne pouvait sacrifier de nouvelles sommes pour des expéditions aussi lointaines qu'incertaines, alors qu'il fallait sauvegarder l'intégrité du royaume.

Colomb était resté à Cordoue, où il vivait du produit de la vente des sphères et des cartes qu'il faisait. Perdu au milieu de la foule, dans l'ancienne capitale des Ommiades, dans cette ville brillante, renommée par ses plaisirs, par ses élégantes frivolités et par les exigences de son luxe, il se trouvait isolé, oublié, sans amis, sans famille, livré au plus triste abandon. Il y avait bien deux hommes qui conservaient son souvenir, qui avaient confiance en son étoile ; mais ils étaient trop éloignés et il ne pouvait recevoir leurs tendres consolations. L'un, vieillard de quatre-vingts ans terminait ses jours dans une petite maison d'un faubourg de Gênes ; c'était son père ; l'autre, priait pour lui, sous les voûtes gothiques du cloître de la Rabida ; c'était le prieur Juan Perez de Marchena, son meilleur et son plus savant ami. Malgré sa triste position, malgré son dénûment, une demoiselle qui demeurait tout près de la maison où il logeait, voulut consoler son malheur en s'attachant à lui d'un lien indissoluble. Le mariage eut lieu à Cordoue, vers la fin de novembre 1486. La jeune épouse s'appelait Béatrix. Ce doux nom, chanté en des vers sublimes par l'Alighieri, était bien fait pour inspirer Colomb. Malgré sa noble origine, sa jeunesse et sa beauté, Béatrix épousait un homme sans nom, sans jeunesse, il avait 51 ans ; — sans langage — il estropiait encore l'espagnol ; — et sans autre fortune que son génie ; mais, sous ses cheveux déjà blanchis par les souffrances, elle avait remarqué un front sous lequel se cachait une grande pensée.

Au milieu de l'infortune, Colomb conservait toujours son enthousiasme et sa foi, cherchant à recruter le plus grand nombre possible de partisans. Parmi ces derniers, se trouvaient Alonzo de Quintanilla, contrôleur des finances de Castille, Antonio Geraldini, nonce du pape, et son frère Alexandre, précepteur des jeunes enfants de Ferdinand et d'Isabelle. Grâce à ces amis, qui devinrent pour lui des avocats zélés, il fut présenté au premier personnage du royaume après le roi et la reine, à Pedro Gonzalez de Mendoza, archevêque de Tolède et grand cardinal d'Espagne.

Ce prélat, était constamment auprès des souverains, en paix, comme en guerre ; il était consulté dans toutes les occasions graves ; rien ne se faisait sans sa sanction archiépiscopale : il était le troisième roi de Castille et d'Aragon. Il accueillit gracieusement Colomb et, bien que son orthodoxie fût alarmée en entendant parler d'une nouvelle théorie de la terre, ses scrupules religieux ne tardèrent pas à s'évanouir devant la force des arguments développés par le hardi novateur, et il lui fit obtenir une audience de Ferdinand et d'Isabelle. Colomb parut devant eux avec une contenance modeste, mais sans embarras. Il se considérait comme un instrument choisi par le Ciel pour accomplir ses grands desseins ; c'était dans cette conviction que résidait toute sa force. Le roi était ambitieux ; c'est une grande qualité pour un prince, lorsqu'il donne à son pays la prospérité et la gloire. Généralement ceux qui ont de l'ambition ne sont pas défiants ; tel n'était pas le cas de Ferdinand. S'endormir sur un oreiller brodé d'or, rêver de surpasser la gloire maritime du Portugal et voir la réalisation de son rêve grâce au génie d'un pauvre marin, acquérir des richesses incalculables, être à la fois, roi d'Aragon et empereur des Indes, Ferdinand voulait bien tout cela ; mais avant de prendre une décision, il tenait à s'assurer si c'était chose facile d'y arriver. Désirant consulter les juges les plus compétents, il chargea le prieur Fernando de Talavera de convoquer les astronomes et les géographes les plus savants du royaume, à l'effet d'entendre Christophe Colomb et d'examiner ses théories.

Ce conseil se réunit à Salamanque la *ville Lumière* du moyen-âge, dans le couvent des dominicains. Plusieurs moines érudits et quelques dignitaires de l'Église y apportèrent leur concours. Qu'allaient-ils répondre à ce marin obscur, qui cherchait à faire parler de lui en développant des idées bizarres sur la conformation du globe terrestre, qui se disait Génois, et qui ne pouvait obtenir de sa patrie ce qu'il avait déjà demandé en vain à la plupart des souverains de l'Europe. Est-ce que cet homme qui réfutait avec un sans-gêne imperturbable les plus grands philosophes de l'antiquité, s'était proposé de faire la loi aux plus grands savants du temps ? Un éminent docteur prit la parole et dit : « Est-il rien de plus absurde, que de croire qu'il y a des antipodes ayant leurs pieds opposés aux nôtres ; des gens qui marchent les talons en l'air et la tête en bas, qu'il y a une partie du monde où, non-seulement les hommes et les femmes sont à l'envers, mais encore où les arbres poussent avec leurs branches de haut en bas, où les taureaux courent sur leurs cornes, alors qu'il pleut, qu'il neige de bas en haut ; allez-vous nous faire croire que les toits des maisons touchent le sol dans ce pays de vos rêves ? »

« Rapportez-vous-en, dit un autre illustre docteur, au grand Saint-Augustin qui nous a déclaré qu'il est impossible d'admettre la théorie des antipodes, car si l'on croyait à l'existence de terres dans l'hémisphère opposé, il faudrait en conclure qu'il y a des peuples qui ne descendent pas d'Adam puisqu'ils n'auraient pu franchir l'Océan que vous voulez traverser aujourd'hui. »

Ce n'était pas assez de la misère dans laquelle Colomb se trouvait, il lui fallait encore lutter contre les erreurs et la présomptueuse vanité de l'ignorance. Parmi les membres du conseil, il trouva néanmoins quelques défenseurs, entr'autres le dominicain Diego de Deza, savant professeur de théologie, qui obtint que Colomb fût écouté d'une façon plus impartiale. Plusieurs autres conférences eurent lieu mais n'aboutirent à aucun résultat. La plupart des juges, aveuglés par la puissance des préjugés érigés en axiomes, par la jalousie et par l'orgueil d'un vain savoir, fatigués par la longueur des débats sur un sujet étranger à leurs études ordinaires, n'y virent que des théories irréalisables.

En mai 1487, la cour revenue à Cordoue, prépara la célèbre campagne contre Malaga. Colomb n'ayant aucune occupation sérieuse, désespérant de réussir à convaincre les juges partiaux de Salamanque, suivit Ferdinand et Isabelle, autant pour se distraire que pour se faire remarquer. Il fut traité avec les plus grands égards : les magistrats de toutes les villes avaient ordre de le loger gratuitement avec les gens de sa suite, et il recevait une indemnité proportionnée à ses dépenses.

A la prise de Malaga il fut le premier à l'assaut et après avoir entraîné les soldats à sa suite, il arracha l'étendard au croissant, des mains d'un musulman. Le roi et la reine ayant appris cet acte courageux, lui firent espérer que l'on s'occuperait bientôt de son projet, et Isabelle lui fit comprendre qu'elle l'appuierait chaudement.

Le pauvre grand homme se réjouissait déjà par ces encourageantes promesses lorsqu'au mois de novembre 1491, on lui notifia le rapport du conseil de Salamanque, qui décidait que le projet en question était inexécutable et qu'il ne convenait pas à de si grands princes de s'engager dans une entreprise de ce genre, sur d'aussi faibles motifs que ceux qui avaient été produits.

VII

Colomb sentit vivement le coup qu'on venait de lui porter et il est certain, qu'un autre, se serait découragé après tant de revers. Doutant encore de l'exactitude du rapport qui avait été fait contre lui, il se rendit à Séville, et ce fut de la bouche même des souverains qu'il entendit l'arrêt qui le condamnait à végéter misérablement dans l'incertitude et le désespoir. Ferdinand et Isabelle lui avaient bien dit qu'ils ne renonçaient que momentanément à l'entreprise, et qu'ils s'y intéresseraient dès qu'ils seraient affranchis des soucis et des dépenses de la guerre ; mais il considéra cette consolation comme un refus poli, et il s'en alla le cœur navré.

Colomb, n'espérant plus rien de la cour d'Espagne, s'adressa aux ducs de Médina-Sidonia et de Médina-Celi qui étaient assez puissants et assez riches pour mettre son projet à exécution.

Le duc de Médina-Sidonia ne voulut pas se laisser convaincre par les arguments de Colomb, et le duc de Médina-Celi, après bien des négociations, était sur le point d'armer plusieurs caravelles, lorsqu'il se ravisa prétextant qu'une telle entreprise ne pouvait être tentée que par le roi, et il offrit gracieusement sa médiation, pour renouveler les démarches auprès des souverains ; mais Colomb n'était plus disposé, après la réponse qu'il avait reçue, à courir de Grenade à Séville, de Séville à Cordoue dans le seul but d'y recueillir des politesses ; et comme il venait de recevoir du roi de France, Charles VIII, une lettre d'encouragement, il résolut de se rendre immédiatement à Paris. Avant de partir, il voulut aller au couvent de la Rabida, pour y chercher son fils Diego, et le laisser à Cordoue, avec son fils Fernando, qu'il avait eu de Béatrix, sa seconde femme.

    Le bon prieur fut bien ému, lorsqu'il vit son protégé et ami revenir à peu près dans le même costume et tout aussi pauvre que six ans auparavant. Vivement affligé de la résolution de Colomb, il le supplia de différer son départ et d'essayer une dernière tentative. Comme s'il eût été inspiré du Ciel, il voyait clairement la gloire et les avantages que l'on pouvait tirer de l'entreprise projetée par son ami et il voulait en faire profiter sa patrie. Pendant la longue absence de Colomb, il n'était pas resté inactif et il avait déjà converti bien du monde à ses théories. Parmi les nouveaux adeptes on remarquait Martin Alonzo Pinzon, chef d'une famille de riches navigateurs de Palos, qui offrit de seconder Colomb et de pourvoir aux frais que pourraient exiger de nouvelles démarches. Le prieur, afin de retenir plus aisément son ami, fit valoir sa qualité d'ancien confesseur de la reine, et chargea Sébastien Rodriguez, pilote de Lepe, d'une lettre pour Isabelle.

La reine répondit à Juan Perez de se rendre sur le champ à la cour pour l'entretenir sur le projet de son protégé Christophe Colomb. A la réception du message royal, le digne moine sella sa mule, et se mit en route pour Santa-Fé, où les monarques étaient occupés à surveiller le siège de Grenade, dernier boulevard des musulmans. Admis en présence d'Isabelle, il plaida la cause de Colomb avec tant de conviction et de chaleur, qu'il persuada la reine; si bien que celle-ci manifesta le désir de recevoir sa visite, et d'entendre de sa bouche l'explication de son plan.

Colomb, en ayant été informé par Juan Perez, partit pour le camp de Grenade. A son arrivée, il fut logé chez un ami, Alonzo de Quintanilla, contrôleur général des finances. C'était le moment où Boabdil, le dernier des rois mores, sortait de l'Alhambra pour présenter aux monarques chrétiens les clés de l'antique et splendide résidence musulmane. C'était, après huit siècles de lutte, le triomphe définitif de l'Evangile sur le Coran. Désormais l'étendard du Christ allait remplacer, sur le dôme de l'ancien palais des rois mores, la bannière au croissant d'or de Mahomet.

VIII

Dix-huit ans s'étaient écoulés depuis la correspondance de Colomb avec Toscanelli. Juan Perez avait recruté une foule de prosélytes dont les plus influents étaient Alonzo de Quintanilla et Luis de Santangel, receveur des revenus ecclésiastiques de la couronne d'Aragon. Ces deux personnages présentèrent Colomb à Isabelle, comme un homme très instruit en géographie et en astronomie, et d'une grande expérience dans l'art de la navigation. Ils lui démontrèrent qu'en offrant de risquer sa vie et le peu de biens qu'il possédait, il donnait la preuve la plus irrécusable de sa conviction et de la réalité de ses espérances ; que la somme qu'il demandait, pour équiper une flotte, était bien minime, si on la comparait aux richesses incalculables qu'on tirerait, sans nul doute, des pays nouveaux ; que ce serait une grande gloire pour elle, de contribuer à étendre la sphère des connaissances humaines, et d'établir la foi chrétienne dans des contrées sauvages.

La force de ces arguments dissipa l'incertitude et la crainte d'Isabelle qui, voyant l'hésitation du roi à tenter cette entreprise, à cause de la pénurie du trésor, déclara qu'elle s'en chargeait, dût-elle mettre ses bijoux en gage pour se procurer les fonds nécessaires. Cette fois, le pouvoir mystérieux et fatal qui avait imposé au malheureux grand homme une longue série de pénibles épreuves était dissipé, réduit à néant. Isabelle devint l'Alexandre du nouveau monde, puisqu'elle venait de trancher le nœud gordien de l'ignorance.

Un traité (1) fut signé par Ferdinand et Isabelle, à Santa-Fé, le 17 avril 1492 et le 30 avril, l'ordre fut donné aux autorités de Palos de préparer dans les dix jours qui suivraient l'expédition du message royal, deux caravelles, et de les tenir avec leurs équipages à la disposition de Christophe Colomb, qui était autorisé à équiper un troisième bâtiment. Les équipages recevraient la même solde que ceux des vaisseaux de guerre, et quatre mois leur seraient payés d'avance. Ils devaient suivre la direction qu'il plairait à leur chef de leur indiquer, et lui obéir en toutes choses, à cette

(1) Voir *Appendice*.

3.

seule condition qu'il n'approcherait ni des établissements portugais sur la côte de Guinée, ni des pays récemment découverts par les navigateurs de cette nation.

Colomb, heureux de voir enfin s'accomplir ce rêve bercé par vingt années de souffrances, alla porter la bonne nouvelle à son vieil ami le prieur, qui pleura comme un enfant en voyant le visage rayonnant et rajeuni de son protégé. C'est qu'il devait être fier, lui aussi, le bon prieur, d'avoir contribué à procurer ce bonheur à son cher ami.

Le message royal fut transmis aux autorités de Palos et lu publiquement; mais les habitants, quoique étant les marins les plus intrépides de toute l'Espagne, refusèrent de s'embarquer pour cette région de ténèbres que nul mortel n'avait encore osé visiter. Leur appréhension, leur épouvante étaient bien naturelles. Ne voyait-on pas sur les cartes des cosmographes dessinées autour de ces deux mots terribles : *Mare Tenebrosum*, des figures affreuses, griffons, cyclopes, lestrygons, hippocentaures et une foule d'autres monstres mythologiques. Voyager sur cette mer, c'était affronter l'embrasement par les feux du soleil, c'était s'engouffrer dans l'obscurité du chaos, s'exposer à être enseveli sous l'abîme insondable du noir Océan.

Il fallut un nouveau message, en date du 20 juin, qui enjoignait aux magistrats de la côte de l'Andalousie de saisir tous les navires qu'ils trouveraient convenables, appartenant à des sujets espagnols.

Grâce à cette contrainte, trois caravelles étaient prêtes à mettre à la voile, au commencement d'août: la *Santa-Maria*, portant le pavillon de Colomb, la *Pinta*, sous les ordres de Martin Alonzo Pinzon qui avait pour pilote son frère François Martin, et la *Niña*, commandée par Vicente Yanez Pinzon, second frère d'Alonzo. Les autres pilotes se nommaient Sancho Ruiz, Pedro Alonzo Niño et Bartolomeo Roldan. Rodrigo Sanchez de Ségovie exerçait les fonctions d'inspecteur général de l'armement, Diego de Arana de Cordoue celles de grand alguazil de la flotte, et Rodrigo de Escovedo était notaire royal; il y avait aussi un médecin, un chirurgien, quelques aventuriers, et quatre-vingt-dix marins; en tout cent vingt personnes.

Ces trois vaisseaux appelés caravelles, qui devaient faire une si longue traversée, étaient des bâtiments ronds, avec un château d'avant et un château d'arrière, très élevés à la proue et à la poupe et faisant en moyenne deux lieues à l'heure. Il fallait le génie entreprenant et le courage de Colomb pour voyager sur de pareils bâtiments, sans cartes pour le guider, sans connaissance des courants, sans expérience des dangers qu'il avait à redouter.

IX

Le vendredi 3 août 1492, une demi-heure avant le lever du soleil, Colomb mit à la voile en présence d'une foule immense de spectateurs qui regardaient avec des yeux étonnés ces trois caravelles prêtes à s'engager dans cette vaste mer inconnue. Le troisième jour, le gouvernail de la *Pinta* se rompit. Cet accident tout naturel et facile à réparer alarma les équipages aussi superstitieux que peu téméraires, et fut regardé comme un présage certain de l'insuccès de l'expédition. Afin de réparer la *Pinta*, l'Amiral (1) se décida à aborder aux Canaries, qui, selon lui, ne devaient pas être éloignées, bien que tous les pilotes fussent d'un avis contraire. Le 9 août, au soir, on

(1). Par le traité du 17 avril 1492, Ferdinand et Isabelle avaient décerné à Colomb le titre d'Amiral d'Espagne.

aborda, selon ses prévisions, à la Gomera et à l'île de Ténériffe, île d'un abord difficile. Ses calculs étaient tellement exacts, que les pilotes furent obligés de convenir qu'il était leur maître en navigation. Les bâtiments s'arrêtèrent près d'un mois, jusqu'au 6 septembre, aux Canaries où ils s'approvisionnèrent d'eau, de bois et de vivres. Le volcan de Ténériffe ayant vomi des torrents de flammes, les matelots furent épouvantés, et l'Amiral pour les rassurer leur cita l'Etna et d'autres volcans connus qui produisaient des phénomènes non moins étranges.

Le 6 septembre, les caravelles ayant quitté le port de la Gomera, l'Amiral apprit, par un bâtiment qui venait de l'île de Fer, que trois navires portugais se tenaient dans les environs pour le capturer et anéantir son expédition, sur l'ordre du roi Juan, jaloux de voir Colomb au service de Castille; mais, par bonheur, après une journée de calme, un vent nord-est ayant commencé à souffler, les voiles se gonflèrent et bientôt on ne vit plus qu'un point noir paraissant flotter entre les flots et les nuages; c'était l'île de Fer, la dernière des Canaries, qui se distinguait à peine dans un horizon lointain. On entrait à pleines voiles dans cet Océan que, de toute antiquité, on s'était plû à peupler de morts et de démons. Les marins, abattus et consternés, commencèrent à déplorer leur sort et à verser des larmes, comme s'ils ne devaient plus revoir la terre d'Espagne. L'Amiral les apaisa en leur faisant entrevoir le succès dans un avenir prochain, en déployant toutes les ressources de son imagination pour étaler à leurs yeux les richesses qui les attendaient dans les régions opulentes où il les conduisait. Ils reviendraient tous en Espagne avec des trésors qui devaient leur donner les moyens de vivre dans l'abondance. Si par malheur, quelques-uns d'entre eux succombaient soit par les maladies, soit dans les combats, la postérité tracerait leurs noms en lettres d'or, et la patrie reconnaissante, tout en célébrant leur gloire, assurerait une riche aisance à leurs héritiers.

En cette occasion, la bravoure de l'Amiral fut bien supérieure à celle que l'on déploie sur un champ de bataille ; car, ici, quelque nombreux que soit l'ennemi, on ne perd jamais l'espoir de vaincre ; tandis que là, il faut combattre sans cesse la terreur des hommes pour l'inconnu ; pour cet inconnu, qu'ils croient être le chaos. Et ces hommes étaient des marins qui avaient cent fois bravé l'ouragan.

L'Amiral vit, par ce découragement qui se montrait de si bonne heure, qu'il aurait à combattre, non-seulement les éléments, mais encore l'ignorance et la pusillanimité de ses équipages, et il comprit que l'art de manier les esprits lui serait encore plus nécessaire, pour mener son entreprise à bonne fin, que toute son habileté dans la navigation ; aussi, mettra-t-il en jeu pour y arriver, son expérience de trente années de pratique et toutes ses brillantes qualités.

Pour calmer la frayeur des matelots sur la longueur de la route, il usa de ruse : il tint deux livres, l'un exact, qu'il gardait pour lui et les souverains d'Espagne, l'autre inexact, en ce qu'il marquait une distance moindre que celle réellement parcourue ; celui-ci, pouvait être consulté par tous les gens de l'équipage.

Le 11 septembre, à cent cinquante lieues de l'Ile de Fer, on vit flotter sur l'eau un mât provenant d'un navire naufragé ; ce fut un nouveau signe de mauvais augure pour les matelots.

Le 13, la petite flotte se trouvant à plus de deux cents lieues à l'ouest des îles Canaries, plus loin de terre qu'aucun vaisseau espagnol n'avait été jusqu'alors, il y eut un nouveau sujet d'alarme, et cette fois, l'Amiral lui-même, ne fut pas trop rassuré. La boussole, ce guide si fidèle, changea de direction : au lieu de rester invariablement dirigée vers l'étoile polaire, l'aiguille varia subitement entre cinq ou six degrés au nord-ouest, et cette déclinaison augmenta les jours suivants. L'esprit de l'Amiral fut vivement frappé par cet étrange phénomène qui semblait annoncer le voisinage d'un monde où les lois de la nature étaient troublées par des puissances invisibles ; il essaya de le tenir caché ; mais les pilotes le remarquèrent et en furent consternés : ils tremblaient que la boussole ne perdît sa vertu dans cet Océan mystérieux et sans bornes. L'Amiral, avec une admirable présence d'esprit, dissipa leur frayeur, en leur persuadant qu'ils étaient le jouet d'une illusion ; que ce n'était pas la boussole qui variait, mais bien l'étoile polaire.

Le 14, une hirondelle de mer vint voltiger autour des caravelles et remplit d'espoir le cœur des marins, qui y voyaient l'indice d'une terre peu éloignée. Le lendemain, par une belle nuit, le ciel étant constellé d'étoiles et la lune resplendissant comme un énorme diamant, on vit tomber, à trois ou quatre lieues des navires, un météore pareil à une merveilleuse gerbe de feu, qui se dissipa au-dessus des flots. Le 16, au lever du jour, un paille-en-queue, au plumage d'une blancheur éclatante, vint se poser sur le mât de la *Niña*, et, vers midi, on entra dans la région des vents alizés. Ce jour là, et tous les suivants, l'air fut si doux, que l'on éprouvait un vrai plaisir à jouir de la fraîcheur et de la beauté des matinées. La mer était calme comme le ciel et les rayons de soleil qui venaient se jouer dans les flots, lui donnaient une teinte superbe où se trouvaient confondus, par un merveilleux effet d'optique, l'or, la pourpre et l'indigo. Il ne manquait que la verdure et le chant des rossignols pour faire de ce spectacle un paysage auprès duquel les plus beaux sites de l'Andalousie n'auraient pu être comparés. En arrivant sur cette nappe de l'Océan couverte d'algues, de fucus et d'une foule d'herbes marines, l'Amiral pensa que la terre était proche, tandis que ses matelots s'imaginèrent qu'ils étaient arrivés aux extrêmes limites de l'océan navigable, et que ces plantes épaisses allaient les empêcher de pénétrer plus avant, ou les engloutir dans des profondeurs insondables. L'Amiral prit sur cette prairie aquatique appelée mer de sargasses, un crabe vivant, qu'il conserva avec soin.

Des brises douces poussaient mollement les trois caravelles vers le nouveau monde. Bientôt la mer s'éleva et devint si grosse, sans que le vent soufflât, qu'elle fut un nouveau sujet d'étonnement pour les équipages. L'Amiral, qui se croyait protégé par la Providence, dit à cet égard, dans son journal : « Ainsi la grosse mer me fut très nécessaire ; ce qui n'était pas encore arrivé, si ce n'est du temps des Juifs, quand les Egyptiens partirent à la poursuite de Moïse, qui délivrait les Hébreux de l'esclavage. » Cependant le voyage se prolongeait contre l'attente de tous et l'impatience de ses compagnons croissait de jour en jour ; ils s'élevèrent contre la crédulité de leurs souverains qui avaient ajouté foi aux promesses aussi brillantes qu'illusoires d'un misérable étranger, et qui risquaient la vie d'un grand nombre de leurs sujets pour servir la folle ambition d'un aventurier qui n'avait rien à perdre. Ils protestaient qu'ils avaient pleinement satisfait à leur devoir en s'avançant si loin dans une route dont le terme était inconnu, et qu'on ne pouvait les blâmer s'ils refusaient de suivre plus longtemps un insensé qui les menait, tête baissée, à une perte certaine ; qu'il était indispensable de songer au retour tant que leurs vaisseaux étaient encore en état de tenir la mer. Ils craignaient déjà de ne pouvoir revenir sur leurs pas car le vent qui leur avait été favorable rendait presque impossible une navigation dans la direction opposée. Quelques-uns, moins confiants et partant plus exaspérés proposèrent, si l'Amiral refusait de virer de bord, de le jeter à la mer, et de dire à leur retour en Espagne, qu'il y était tombé en contemplant les astres. Ils étaient du reste tous persuadés que la mort d'un aventurier ayant échoué dans l'expédition dont il prétendait assurer la réussite, n'exciterait aucun intérêt, et que leurs souverains seraient très heureux de les voir revenir sains et saufs. L'Amiral n'ignorait pas les intentions des rebelles et comprit la grandeur du péril ; mais, loin de se laisser abattre par le danger, il appela à son aide toute sa grandeur d'âme afin de conserver un visage tranquille, et il désarma les uns par des paroles de douceur, excita l'avarice et l'amour-propre des autres en faisant miroiter à leur esprit les monceaux d'or qu'ils retireraient des pays conquis et la gloire dont chacun serait couronné à son arrivée sur la terre d'Espagne. Pour calmer les plus entêtés, il les menaça au nom du roi, d'un châtiment exemplaire, et pour donner du courage à tous, il annonça qu'il ferait présent d'un pourpoint de soie, en outre des dix mille maravédis de rente promis par le gouvernement, à celui qui découvrirait le premier la terre.

Au moindre indice, on croyait apercevoir la terre et l'on entendait ce cri : terre ! terre ! répété cent fois par jour par des matelots désireux d'obtenir la rente à perpétuité et le pourpoint.

Un matelot avertit même l'Amiral qu'il voyait une masse obscure ressemblant à une terre, à environ vingt-cinq lieues de distance. On entendit crier de la *Pinta* qui était toujours en avant : terre ! terre ! et sur les trois caravelles on chanta le *Gloria in excelsis Deo*. C'était une illusion causée par quelques nuages.

Le 1er octobre, on se trouvait à sept cent sept lieues à l'ouest de l'île de Fer et selon les calculs de l'Amiral à quarante lieues de la fameuse île de Cipango. Dans la soirée du 6 octobre, Martin Alonzo Pinzon n'ayant plus confiance dans la route de l'ouest, proposa de porter au sud. Le lendemain, l'Amiral dévia vers l'ouest-sud-ouest, en suivant la direction des nombreux oiseaux qui voltigeaient depuis plusieurs jours, autour des bâtiments. Les hirondelles de mer, les pélicans, les damiers, les mouettes, les hérons, les merles à collier, les sargasses, sur lesquelles on voyait une multitude de crabes, de dorades aux écailles chatoyantes, de squales armés d'une longue scie ; tous ces signes révélant la proximité de la terre devinrent plus fréquents ; mais les équipages les virent avec une morne indifférence ; ils s'étaient trompés tant de fois !

X

Le 11 octobre, alors que l'astre du jour sortait radieux du sein des flots, l'Amiral qui s'était retiré dans le château de poupe pour noter quelques observations sur son journal, reçut la visite de Rodrigo Sanchez, l'inspecteur général de l'armement.

— Pourquoi es-tu si triste, ô Rodrigo ? tu m'apportes de mauvaises nouvelles ? lui dit-il.

—Amiral, l'équipage de la *Pinta* est désespéré ; les matelots ne veulent plus entendre raison et les officiers eux-mêmes, qui s'étaient toujours montrés confiants, parlent de retourner en Espagne. Si la côte ne se montre pas, vous êtes perdu, car le bruit de la révolte se répandra bientôt sur la *Niña* et sur la *Santa-Maria*. Ecoutez ! N'entendez-vous pas le murmure des mutins ; on dirait le bruit des vagues agitées par le vent ; tout à l'heure ce sera l'écho sinistre de la tempête.

— Merci, Rodrigo, de m'avoir averti du danger ; au nom de nos souverains bien-aimés, merci.

— Chef, vous êtes le représentant de notre roi et de notre reine sur cette mer que nul avant vous n'a osé explorer ; je ferai tout ce qu'il vous plaira de me commander...

Pendant ce temps les marins de la *Pinta* conspiraient contre l'Amiral. Ils lui reprochaient de ne pas tenir ses promesses, de ne pas leur trouver les richesses et la gloire dont il avait bercé leur crédulité. Si les flots de cet Océan sans fin devaient être leur tombeau, ils se soumettraient à la volonté du Ciel, qu'il avait bravé ; mais ils ne voulaient pas mourir de faim et s'il ne pouvait leur donner du pain, ils prendraient son sang.

Trois d'entre eux vinrent faire part à l'Amiral des dispositions rebelles de leurs camarades.

— Si mon sang peut vous réjouir, mes amis, prenez-le ; mais laissez-moi voir une fois encore le soleil rougir l'orient de ses rayons de feu. Si demain aucun rivage libérateur n'a paru, alors je vous demanderai moi-même la mort ; mais jusque-là, restez calmes et ayez confiance en Dieu.

La parole bienveillante, la sérénité de leur chef, leur donne un peu de courage.

— Nous avons attendu jusqu'à présent ; nous patienterons bien encore quelques heures ; mais si le soleil se lève sans nous montrer la délivrance, tu auras vu sa clarté pour la dernière fois...

Et le soleil descendant à l'horizon, allait se perdre dans les flots bleus, le crépuscule faisait place à la nuit et on ne voyait pas le moindre indice de terre sur le mystérieux Océan. La quille du vaisseau fendait en frémissant la mer vaste et déserte ; les étoiles apparaissaient une à une, pareilles à d'innombrables diamants enchassés dans un immense saphir ; mais, hélas ! celle plus étincelante de l'espérance ne se montrait pas au navigateur qui veillait sans cesse le regard constamment tourné vers l'occident.

— A l'ouest ! à l'ouest ! vole, ô mon fidèle navire. Enfants de Castille et d'Aragon ne dormez point ; du château de proue surveillez l'océan. Les battements de mon cœur m'annoncent que nous allons bientôt toucher le but de mes rêves et de mes aspirations. Vous avez souffert, amis, mais demain vous acquerrez la gloire et les richesses.

J'entends des pas précipités ; qu'y a-t-il encore ?

— C'est toi, Rodrigo ? quelle nouvelle m'apportes-tu ?

— Chef, tout est fini, il n'y a plus d'espoir ; le soleil vient d'illuminer notre pavillon de ses rayons naissants.

— Calme-toi, Rodrigo ; ces rayons viennent de l'astre divin créé par la main de Dieu ; ce sont eux qui vont éclairer nos regards obscurcis par la crainte et le désespoir.

Vers dix heures du soir un point lumineux apparut dans le lointain. Pedro Guttierrez, gentilhomme de la chambre du roi et Rodrigo Sanchez interrogés par l'Amiral virent aussi une lumière dans la même direction. Cette lumière disparut puis revint à l'horizon pareille à une lampe éclairant une barque de pêcheur. Enfin, à deux heures du matin, un coup de canon, tiré de la *Pinta*, donna le signal convenu du grand et joyeux événement et pour la première fois, depuis la création du monde, le fameux *Mare Tenebrosum* répercuta les cris d'allégresse des habitants de l'ancien continent.

L'Amiral était parti de Palos le 3 août 1492, un vendredi matin; ce fut aussi un vendredi matin le 12 octobre 1492, c'est-à-dire après soixante-dix jours de navigation, qu'il contempla la terre qu'il croyait être le pays du grand kan, le littoral des Indes. Il jeta l'ancre en face d'une île plate et verdoyante, de plusieurs lieues d'étendue, couverte d'arbres et de fruits inconnus. Toutes les chaloupes garnies d'hommes et armées, s'avancèrent vers l'île, enseignes déployées, au son d'une musique militaire. A mesure qu'on approchait de la côte, on la voyait se couvrir d'habitants qui manifestaient par de grands gestes leur étonnement et leur admiration à la vue de ce spectacle étrange et nouveau. L'Amiral revêtu d'un costume écarlate brodé d'or, et tenant en main la bannière royale, débarqua le premier, ayant à sa suite Martin Alonzo et Vicente Yanez Pinzon portant chacun l'un des étendards à croix verte placés dans chaque bâtiment en signe de reconnaissance. Ils prirent possession du pays au nom du roi et de la reine d'Espagne. Les Espagnols furent bientôt environnés d'un grand nombre de naturels, regardant en silence et avec respect, ces hommes blancs richement habillés qui venaient de traverser l'océan sur de grandes machines ayant des ailes pour se mouvoir sur les eaux, et faisant entendre au loin un bruit formidable, accompagné d'éclairs et de fumée.

Les Européens n'étaient guère moins étonnés. Les plantes, les arbustes, les arbres, ne ressemblaient en rien à ceux d'Europe. Les habitants étaient complétement nus ; leurs cheveux liés autour de la tête en forme de tresse, avec un cordon, étaient noirs et épais; ils avaient la taille dégagée, la physionomie douce et timide, les traits du visage agréables, et le teint olivâtre; quelques-uns étaient peints d'une couleur noirâtre, d'autres en rouge ; les uns se peignaient seulement la figure, les autres tout le corps ou bien rien que le nez ou les yeux. Les femmes étaient nues comme les hommes ; elles avaient de beaux corps, de jolies figures, et un maintien gracieux et noble ; leurs yeux étaient généralement noirs, comme leurs cheveux, qu'elles laissaient flotter sur leurs épaules et qui étaient très longs. « Afin que ces indigènes, dit l'Amiral, nous prissent en amitié, et parceque je connus que c'étaient des gens qui se livreraient plutôt à nous par la douceur et la persuasion que par la violence, je donnai à quelques-uns d'entre eux des bonnets, des colliers de verroteries et des clochettes en fer, qui leur firent grand plaisir et nous concilièrent leur amitié. Ils venaient ensuite à la nage aux embarcations dans lesquelles nous étions, et nous apportaient des zagaies, — sortes de bâtons terminés par une dent de poisson ou par un corps dur quelconque, — des perroquets, des noix de coco, et les échangeaient avec nous pour d'autres objets que nous leur donnions, comme de petites perles de verre, des grelots ou des fragments de vases de terre ou de faïence. »

Dès le même jour l'Amiral fit rembarquer tous ses gens, et plusieurs sauvages le suivirent à bord. On apprit d'eux que leur île se nommait Guanahani, qu'elle était environnée de plusieurs autres, et que les insulaires prenaient le nom de Lucayos. L'Amiral l'appela San-Salvador.

Ayant vu quelques Indiens qui portaient de petites plaques d'or à un trou qu'ils s'étaient fait au nez, l'Amiral leur demanda d'où ils tiraient cet or, et ils indiquèrent, en étendant leurs bras vers le sud, qu'il venait d'un pays situé dans cette direction, dont le roi avait une grande quantité de ce métal. Impatient d'arriver à cette riche contrée, qu'il croyait être la fameuse île de Cipango, il fit route vers le sud. Le 16 octobre, après avoir aperçu plusieurs îles, il s'approcha d'une plus grande, qu'il nomma Santa-Maria de la Conception. Elle lui parut si dépourvue de vivres, qu'il ne s'y arrêta que pour y passer la nuit à l'ancre, et le 17, il alla faire de l'eau dans une troisième île, dont les habitants lui parurent plus civilisés. Les femmes y étaient couvertes depuis la ceinture jusqu'aux genoux, les unes de morceaux de coton, les autres de feuilles d'arbres. Elle reçut le nom de Fernandina. Il y avait dans cette île, une foule d'oiseaux différents de ceux d'Europe, des poissons aux couleurs vives et variées, des lézards d'une grosseur démesurée, des lapins de la grosseur des rats, et des perroquets aussi nombreux que les feuilles des arbres du haut desquels ils faisaient entendre leur agaçant ramage. Les maisons étaient plus nombreuses que dans les autres îles ; elles avaient la forme de tentes, avec une sorte de portail couvert de branches qui les garantissaient de la pluie et des vents, et plusieurs tuyaux de bois pour le passage de la fumée. Chaque maison n'avait qu'une seule pièce suffisamment vaste, contenant quelques grossiers ustensiles et des lits ressemblant à des filets, suspendus à deux poteaux et appelés hamacs. On y vit aussi des petits chiens qui n'aboyaient pas et des insulaires portant suspendue au nez une petite pièce d'or marquée de figures, que l'Amiral prit pour des lettres; mais il apprit plus tard que l'usage de l'écriture n'était pas connu dans ces îles.

Le 24 octobre, l'Amiral aperçut, éclairée par les vagues lueurs du soleil naissant, une île enchanteresse qui lui parut être le séjour d'un dieu, tant elle était pittoresque. Un cercle de vertes collines, une rivière qui naît sur des hauteurs couronnées de pins au feuillage toujours vert, de cyprès aux racines noueuses, au tronc énorme, dont la feuille ressemble à une dentelle de mousse travaillée par une main de fée, arrose de ses eaux aux reflets d'azur, des plaines où le maïs et l'ananas poussent merveilleusement,

4.

sans culture, dans un accouplement bizarre. Une forêt vierge, placée non loin d'une vallée, offre avec elle un contraste charmant. L'une, est tout illuminée des rayons brûlants de l'astre du jour ; l'autre, est sombre, comme le feuillage de l'érable, du baumier, du hêtre pourpre sur la cime desquels le soleil se fond, impuissant à pénétrer leurs branches touffues. Cette île ne pouvait avoir qu'un nom gracieux. Les indigènes l'appelaient Saamoto. L'Amiral choisit celui d'Isabella.

Continuant leur route au sud, les trois caravelles passèrent entre les petites îles appelées las Areñas et los Miraporvos; et, le 28 octobre, découvrirent l'île de Cuba.

Cette île qui a sur les cartes, la forme d'une sangsue, est la plus grande des Antilles. Elle en est aujourd'hui la plus riche et la plus peuplée. Vues de jour, les cimes des montagnes entourées d'une vapeur diaphane colorée de mille feux par les rayons du soleil, rappelèrent à l'Amiral les montagnes de la Corse. De l'endroit où se trouve à présent le port de La Havane, situé sur un vaste promontoire, avec une des plus belles rades du monde, le regard embrasse, au sud, des plaines vastes et fertiles et les cimes imposantes de la Sierra Maestra; au nord, l'immense golfe du Mexique, et les côtes de la Floride qui apparaissent dans un lointain horizon, comme un voile noir interposant son ombre entre la mer et la terre. S'il n'avait eu devant lui les productions végétales de la zone torride, l'Amiral aurait pu aisément se croire dans sa patrie, sur les hauteurs pittoresques qui dominent la ville de Bastia du haut desquelles, on aperçoit les grandes et belles plaines de la Casinca et les côtes de l'Italie. Les rivières de Cuba sont nombreuses et leurs eaux pures comme le cristal, tantôt murmurent doucement, à travers les vallées, pas plus bruyantes que le papillon qui voltige dans l'air; tantôt elles tombent avec fracas du haut des rochers, s'élancent avec des bonds furieux à travers les fougères arborescentes et les cactus aux feuilles larges et chargées d'épines.

Dans l'intérieur de l'île, croissent le cocotier, le câprier, l'oseille géante au feuillage carminé, appelée ketmie acide, la sensitive, l'acajou, le brésillot, le calebassier, et sur les hauteurs, le gazuma, le grenadier sauvage, le goyavier, le cassier aux gousses énormes, l'ébénier au tronc noir et lustré; après les rochers, autour des maisons, de la tige au sommet des plus grands arbres, des lianes s'accrochent en des nœuds que la main la plus habile ne pourrait dénouer ; là, elles s'élancent d'un arbuste odorant à l'écorce d'un tronc desséché ; plus loin, elles cachent à l'œil le plus exercé un affreux précipice.

Les habitations étaient construites en branches de palmier, en forme de pavillons, et éparses sous des arbres touffus, comme des tentes dans un camp. Elles étaient mieux bâties et plus propres que celles des autres îles ; dans quelques-unes se trouvaient de grossières figures et des masques de bois assez ingénieusement sculptés ; presque toutes étaient munies d'une pirogue, sorte de barque taillée dans un tronc d'arbre, que les indigènes conduisaient avec une seule rame en forme de pelle et qui était si légère, que lorsqu'elle se renversait, ils la redressaient en un instant, ils la vidaient en nageant près du bord, s'y replaçaient avec une extrême agilité et recommençaient à voguer paisiblement.

Après avoir parcouru la côte au nord-ouest, l'Amiral arriva en vue d'un grand promontoire auquel il donna le nom de cap des Palmes, à cause des arbres magnifiques qui le couvraient. Il apprit par les naturels que, de l'autre côté de la baie, il y avait une rivière qui n'était qu'à quatre journées de marche de Cubanacan, contrée se trouvant au centre de Cuba. Par ce nom, il s'imagina qu'ils voulaient parler de Koublaï kan, le souverain tartare, et comprit qu'ils lui disaient que Cuba n'était pas une île, mais la terre ferme. Il en tira la conséquence que cette terre devait faire partie du grand continent asiatique, et qu'il ne devait pas être à une grande distance de la Mandchourie, but suprême de son voyage. Ce prince étant sans nul doute très puissant, il était nécessaire de lui envoyer quelques présents. Dans ce dessein, il fit choix de deux Espagnols dont l'un était un juif converti nommé Luis de Torres, qui connaissait l'hébreu, le chaldéen et un peu l'arabe, pensant que l'une ou l'autre de ces langues serait connue du monarque oriental. Il leur adjoignit deux Indiens munis de colliers en verroteries des fabriques de Cordoue et leur donna six jours pour aller à la recherche du monarque Koublaï kan.

La petite troupe parcourut l'intérieur de l'île mais, comme bien on pense, elle n'y trouva pas ce qu'elle cherchait. Arrivés à un amas de cases un peu plus grandes que celles qu'ils avaient rencontrées d'abord, les deux Castillans furent entourés avec étonnement par les insulaires qui les habitaient. Ce village renfermait une cinquantaine de huttes qui contenaient un millier d'habitants. Toute cette population les reçut avec la plus grande solennité ; les hommes et les femmes leur touchaient et leur baisaient les pieds et les mains, émerveillés, les croyant descendus du ciel. Le chef de la tribu les fit porter dans sa cabane sur un brancard de branches de palmier, leur donna des sièges et tous les Indiens s'assirent en rond, par terre, autour d'eux. — Les Espagnols cherchèrent à engager une conversation avec ces sauvages timides et bienveillants, mais le juif converti essaya en vain de leur faire comprendre l'hébreu, le chaldéen et l'arabe ; ce fut un des Indiens qui servit d'interprète et il exalta si bien la puissance, les richesses, et la magnificence des hommes blancs, que tous les habitants voulaient les suivre se figurant qu'ils retournaient au ciel.

L'Amiral sut bientôt que Cubanacan était une province située au milieu de l'île, *nacan* signifiant milieu dans la langue du pays. L'espérance de découvrir une région dans laquelle il trouverait beaucoup d'or, l'obligea de partir avec plusieurs naturels de Cuba, qui s'offraient à lui servir de guides. Il accepta leurs offres avec empressement, espérant en trouver un parmi eux, capable d'apprendre la langue espagnole ; ce qui lui aurait été d'un grand secours dans ses explorations.

Le 19 novembre, Alonzo Pinzon désirant aborder le premier l'île de Babèque, où les Indiens disaient qu'il y avait beaucoup d'or, profita des avantages de sa caravelle qui était très légère à la voile, et déserta la flottille. La *Niña* et la *Santa-Maria* étaient arrivées au port de Puerto-Principe.

XI

Le 25 novembre, l'Amiral fit explorer le sud de l'île de Cuba par quelques marins de la *Niña*, parmi lesquels se trouvait Giovani de Santo-Pietro di Tenda. Quoique marié et père de quatre enfants, Giovani n'avait pas hésité à suivre son savant compatriote, car il savait depuis fort longtemps que ce n'est pas en restant chez soi que l'on fait fortune, et que ce n'est pas en risquant rien que l'on gagne beaucoup. En homme pratique, il se dit que s'il en réchappait, il reviendrait assez riche pour acheter toutes les vignes du Cap-Corse et toutes les plaines de la Balagne. Il avait eu soin d'emporter une cargaison de grelots, de vieux boutons, de morceaux de verre, de grains de rosaires et une foule d'objets fabriqués en Corse tels que : stylets, gourdes et conques marines. Il échangeait tous ces produits de la civilisation contre ceux plus vulgaires des pays sauvages : pierres précieuses ou morceaux d'or natif. Les indigènes étaient tellement ravis de ces transactions, qu'ils s'enfuyaient comme des voleurs vers leurs collines, de peur que l'Européen ne fût tenté de revenir sur ce marché de dupes. Un jour, Giovani, reçut pour quelques débris d'un miroir cassé, deux stylets et une demi douzaine de gourdes, deux sacs de perles fines et de poudre d'or. Les indigènes excessivement satisfaits des bibelots qu'ils venaient d'acquérir et qu'ils considéraient tout simplement comme des trésors, voulant célébrer par une grande solennité une opération aussi heureuse, s'assirent en rond et tirant d'une espèce de bourse un petit rouleau composé de feuilles sèches, l'allumèrent par un bout, mirent l'autre entre leurs lèvres, et en aspirèrent le parfum tout en rejetant la fumée bleuâtre qui s'en dégageait.

Giovani, les voyant se livrer à ce curieux exercice avec un vif contentement, se dit que l'on devait éprouver une jouissance exquise en lançant ainsi dans l'air des vapeurs odorantes. Il fit comprendre par signes qu'il serait heureux de prendre part à leur divertissement ; alors un cacique s'approcha de lui, suspendit à sa ceinture la bourse contenant l'herbe mystérieuse, alluma un rouleau et le plaça lui-même entre les lèvres du marin corse.

Les insulaires étaient retournés dans leurs cases et Giovani avalait avec ravissement la fumée de son tabaco. Il ne savait pas, le malheureux, que l'on pouvait en aspirer l'odeur tout en rejetant au dehors les vapeurs vénéneuses. Bientôt il vit ses membres s'alourdir, son regard s'éteindre, tout son être tomber dans la stupeur ; il se crut empoisonné. Sa pensée se reporta vers son beau ciel de Corse, son épouse et ses enfants ; tous ces trésors qu'il ne verrait plus et qu'il avait abandonnés pour mourir misérablement à huit cents lieues de sa patrie. Dans son désespoir, il se mit à crier de toutes ses forces, espérant se faire entendre de ses compagnons. Heureusement pour lui, il s'en trouvait quelques-uns dans ces parages, qui s'étaient égarés à la poursuite des perroquets. Lorsqu'ils virent Giovani étendu à terre, la figure blême, l'œil hagard et les traits convulsés, ils furent terrifiés, et ne doutèrent pas que le malheureux n'eût été empoisonné.

— Voyons, camarade, que t'est-il donc arrivé pour te trouver dans un si piteux état ?

— Ah ! mes bons amis, ces vilains sauvages, ces maudits païens, ne pourront jamais souffrir notre présence dans leur pays. Je ne veux pas être mauvais prophète ; mais je crains bien qu'il vous arrive malheur comme à moi. Ils m'ont empoisonné, les traîtres ! Si je les tenais ! J'étouffe, les entrailles me brûlent ! De l'eau, donnez-moi de l'eau ! faites venir le bon père Pedro pour qu'il reçoive ma confession. Je vais mourir, je le sens...

Le confesseur arriva avec une grande cruche d'eau et cette dernière fut d'un plus grand secours à Giovani que les exhortations du père franciscain car, après quelques aspersions, il se trouva complètement rétabli et mieux portant que jamais.

Quelques jours après cette aventure, Giovani convoqua les camarades qui l'avaient secouru et leur dit : « Vous savez, mes amis, que je n'ai pas revu les Indiens qui m'avaient rendu si malade et comme je tiens absolument à les retrouver, je viens vous demander votre gracieux concours.

— Comment donc ! s'écria le plus jeune et le plus vaillant de la compagnie ; plutôt cent fois qu'une. Il faut apprendre à vivre à ces vilains singes, à ces ennemis de notre sainte religion. Faisons-leur comprendre les mystères de notre foi à coups d'arquebuses, puisqu'ils n'entendent pas notre belle langue castillane.

— Non pas, Luis de Torres ! dit Giovani. Ces sauvages quoique infidèles n'en sont pas moins nos frères, attendu que nous descendons tous d'Adam et d'Eve, sa capricieuse épouse. Lorsque tu ne mangeais pas de porc et que tu observais le sabbat, c'est-à-dire que tu étais complètement voué au culte judaïque, si nous avions agi avec toi de la même façon, tu aurais certainement protesté et tu n'aurais pas reçu sur ta noble tête l'eau du baptême qui t'a fait devenir si fervent catholique. Je suis convaincu que ces braves Indiens n'ont pas eu l'intention de me nuire, et la seule cause de mon évanouissement est le manque d'habitude, et, peut-être bien, l'inexpérience à manier le rouleau allumé duquel ils éprouvent un si grand plaisir. Nous allons nous mettre à leur recherche afin de leur demander une grande quantité de cette herbe qui me fit tant de mal et qui doit faire tant de bien...

XII

Le 5 décembre, l'Amiral découvrit une île aux côtes très sinueuses formant un grand nombre d'anses commodes et sûres, hérissée de hautes montagnes et arrosée par de nombreux ruisseaux. La chaîne du Cibao, dont le point culminant atteint près de trois mille mètres, la traverse de l'est à l'ouest et projette plusieurs rameaux qui courent vers la mer, et forment une multitude de promontoires, de presqu'îles et de baies. A côté des catalpas qui reproduisent la fleur de l'oranger, des sassafras à l'écorce sudorifique, aux fleurs verdâtres et aux baies couleur de fer, des magnoliers au port majestueux, au splendide feuillage et aux fleurs éclatantes d'une odeur suave, et des tulipiers dont la fleur en forme de cloche simule celle de la tulipe, l'Amiral remarqua des arbres pareils aux chênes verts, aux cèdres et aux arbousiers d'Espagne, ces beaux arbres dont les fleurs ressemblent à celles du muguet et dont les fruits sont des fraises ; il retira de la mer, des saumons, des soles et d'autres poissons de la même espèce que ceux de Castille. La température était celle du mois de novembre en Andalousie. Les habitants appelaient cette île Quisqueya « la grande terre » car ils n'en connaissaient pas de plus étendue.

L'Amiral l'appela Hispaniola parce qu'elle lui rappelait l'Espagne, par la douceur de son climat, par la beauté de ses sites et par la richesse de son sol. Cette île que l'on nomme aujourd'hui Haïti est d'une beauté tellement merveilleuse, qu'en lui donnant ce nom *d'Espagnole*, Colomb rendait hommage au magnifique pays de Ferdinand et d'Isabelle.

Dans les plaines, une chaleur extrême développe une luxuriante végétation ; sur les côtes, les brises de la mer amortissent sensiblement la chaleur du jour, et rendent les nuits très fraîches. Dans les vallées, arrosées par l'Ozama, la Youna et de nombreux ruisseaux au bord desquels poussent les caracallas aux fleurs contournées en spirale, semblables au haricot d'Europe, les manguiers aux fruits jaunes, verts et rouges, à la feuillée plantureuse et touffue, et les mimosées gigantesques aux folioles si déliées et si fines qu'on dirait une dentelle verte gracieusement posée sur leur puissante ramure, on respire un air frais et parfumé ; sur le sommet des montagnes, le froid se fait sentir quelquefois assez vivement. Comme dans tous les pays situés entre les tropiques, l'année se divise en deux saisons : celle des pluies et celle de la sécheresse. Pendant les mois de mai et de juin, l'eau tombe par torrents, les ruisseaux se gonflent et inondent la campagne ; en août et en septembre, il règne des ouragans violents, et une chaleur de 30 à 40 degrés dans les plaines ; c'est l'époque où les rivières se trouvent souvent à sec.

La première vallée qui s'offrit aux yeux éblouis de Colomb le charma à tel point, par sa magnificence, qu'il ne sait comment en décrire les beautés ; « car ni ma langue ni ma plume ne pourraient rendre fidèlement ce spectacle enchanteur » dit-il dans une lettre adressée à Ferdinand et à Isabelle. Aussi l'appelle-t-il : le *Paraiso* (paradis).

Le jour, le soleil dorait la vallée et embrasait de mille feux l'érable-sycomore, le platane, le pin et le cyprès répandus à profusion sur les coteaux voisins ; les bois retentissaient du chant monotone du coucou, des appels amoureux du chardonneret pourpre, et du bourdonnement d'une foule d'insectes aux ailes tout étincelantes des couleurs de l'arc-en-ciel. La nuit, la lune répandait son éblouissante lumière sur les eaux paisibles de l'Ozama, donnant l'illusion d'un immense miroir dont la vallée, rayonnante des reflets argentés de l'astre de la nuit, paraissait être le cadre. Les étoiles, semblables à des diamants semés dans un collier de turquoises, illuminaient les nues de leurs feux magiques. Les plaines étaient solitaires. Dans les grands arbres des forêts, les yeux jaunes des chats-huants brillaient comme les lampyres que l'on voit étinceler sur nos gazons, la nuit, dans les campagnes. Les cris sinistres de ces oiseaux de la mort se mêlant au bruissement des feuilles et aux cris ininterrompus et discordants d'une multitude de perroquets, venaient seuls troubler la majesté de ces lieux, que l'Amiral, dans son admiration, baptisa de noms si poétiques.

L'escadre, après avoir relâché dans un

port auquel l'Amiral donna le nom de Saint-Nicolas, prolongea la côte septentrionale, passa dans le canal de la Tortue, fit plusieurs mouillages et s'arrêta à peu de distance dans l'ouest du lieu où depuis la ville du Cap-Français a été bâtie. On eut beaucoup de peine à communiquer avec les habitants : ils se mettaient en fuite à l'approche des caravelles. Un événement imprévu changea tout à coup leurs dispositions. Tandis que l'escadre était à louvoyer, avec un vent frais, dans le canal de la Tortue, quelques matelots espagnols sauvèrent un Indien dont la pirogue avait chaviré. L'Amiral le recueillit à son bord, lui fit présent de quelques bibelots et le fit conduire à terre. Cet indigène fit part à ses compatriotes des bons traitements qu'il avait reçus des hommes blancs ; il leur charma les yeux en leur montrant les précieux objets qui lui avaient été donnés. La confiance s'établit aussitôt ; ils accoururent de toutes parts près des navires, avec des fruits et d'autres provisions pour souhaiter la bienvenue aux messagers du ciel, et pour échanger leur or contre des éclats de faïence, des morceaux de verre et des grelots en fer. Bientôt après on vit arriver un prince du pays accompagné d'environ deux cents sujets chargés de tous les produits de la contrée. Ce souverain, nommé Guacanagari, avait le titre de cacique, ce qui veut dire roi dans la langue du pays. Son royaume s'étendait depuis la pointe Isabélique jusqu'à l'embouchure de l'Artibonite. Il fut présenté à l'Amiral et lui dit qu'il venait voir les habitants du ciel pour leur présenter ses hommages et ceux de son peuple. Interrogé sur la provenance des ornements d'or dont son corps était couvert, il indiqua que ce métal venait d'un pays situé plus à l'est, qu'on nommait Cibao.

Le 21 décembre, l'Amiral reçut une députation du cacique, qui le faisait prier de se rendre à sa cour, et qui lui envoyait un riche cadeau : c'était un masque, dont les oreilles, la langue et le nez étaient d'or battu, avec une ceinture bordée d'os de poissons travaillés en forme de perles. Il promit aux députés de se rendre à l'invitation de leur maître.

En effet, le lendemain, dès le lever du soleil, il se dirigea vers la demeure de Guacanagari, située aux environs du lieu où les Français ont bâti la ville du Cap. L'habitation princière avait été ornée de branchages, de fruits et de fleurs en l'honneur des envoyés du ciel, et le cacique, entouré de tout son peuple, s'était préparé à recevoir royalement ses hôtes. Lorsque les Castillans arrivèrent, on leur prodigua les grains d'or, le coton, les perroquets, et des provisions de mangues, de noix de coco, d'ypadu (1) et de quina-quina.

Les insulaires baisaient la terre où ils avaient passé et leur respect était si grand, pour ces étrangers qu'ils croyaient descendus du ciel, qu'ils se prosternaient en leur présence.

Dans l'intention de se rapprocher des mines de Cibao, l'Amiral suivit la route de l'est. Pendant deux jours la mer fut extrêmement agitée et les caravelles durent se mettre à l'abri de la tempête en attendant le beau temps. Le 23 décembre, elles continuèrent leur route, à la faveur d'un bon vent. L'Amiral ayant éprouvé le besoin de se reposer après ces deux jours d'insomnie avait recommandé au pilote de ne pas quitter le gouvernail; mais, celui-ci, dans l'intention de se délasser, confia sa charge à un mousse sans expérience qui laissa entraîner la caravelle sur les bancs de sable qui sont au large de la rade du Cap; et malgré tous les efforts que l'on fit pour la relever, elle fut couchée

---

(1) Nom indigène du coca.

par la lame, et s'ouvrit immédiatement après. L'Amiral fut réveillé par les cris des matelots ; mais il était trop tard, et les ordres qu'il se hâta de donner furent inutiles. La *Niña*, commandée par Pinzon, était éloignée d'une lieue. Ayant remarqué les signaux de détresse qui partaient du navire naufragé, elle arriva à temps pour sauver l'équipage qu'elle reçut à son bord.

Guacanagari, aussitôt informé du malheur de ses nouveaux amis, accourut avec le plus vif empressement pour les secourir. Dans plusieurs visites qu'il fit à l'Amiral, il le conjura, les larmes aux yeux, d'oublier une perte dont il se reprochait d'avoir été cause. Il lui présenta tout ce qu'il possédait pour la réparer. Tous ses sujets manifestèrent les mêmes sentiments, et voyant la passion des Castillans pour l'or, ils leur apportèrent tout ce qu'ils avaient de ce précieux métal. Des marques si constantes d'amitié, jointes à l'espoir de parvenir sans violence à découvrir la source de tant de richesses, engagèrent l'Amiral à former un établissement dans les terres du cacique. Il s'attacha plus que jamais à gagner la confiance de Guacanagari par des caresses et des présents ; et comme il n'était pas moins nécessaire de lui inspirer du respect, il fit faire quelques décharges de son artillerie. La foudre descendue sur les indigènes ne leur aurait pas causé plus de frayeur ; ils tombaient à terre, en se couvrant le visage de leurs mains. Le cacique n'étant point exempt de cette terreur, l'Amiral se hâta de le rassurer. « Avec ces armes, lui dit-il, je vous rendrai victorieux de tous vos ennemis et vous pouvez être certain que les Caraïbes ne viendront plus ravager votre pays lorsqu'ils auront senti les effets de la puissance que je mettrai entre vos mains. » Les plus terribles ennemis de Guacanagari étaient les Caraïbes, peuple anthropophage. Leur principal aliment était la chair humaine. Ils considéraient la cervelle de l'homme comme la partie la plus délicate ; aussi la préparaient-ils avec soin en la délayant, avec une pâte de sagou ressemblant à de la fécule, et qu'ils jetaient dans de l'eau bouillante. Ils coupaient le reste du corps par petits morceaux, et le faisaient cuire dans des bambous verts.

Le cacique, persuadé que les Castillans étaient les maîtres du tonnerre, et tout joyeux d'apprendre qu'il serait débarrassé des Caraïbes, accorda avec empressement la liberté de bâtir un fort qui fut construit près du bourg de Guarico avec les débris du bâtiment naufragé et renforcé avec des murailles en terre. Un fossé assez profond dont il fut entouré, et la seule vue de l'artillerie, devaient suffire pour tenir en respect des sauvages munis d'armes peu redoutables, et déjà subjugués par la crainte. Ce fort que l'Amiral nomma la Natividad, en mémoire de ce qu'ils avaient été sauvés du naufrage le jour de Noël, était à environ trois lieues dans l'est de l'emplacement de la ville du Cap, sur le bord d'une anse que nous appelons, aujourd'hui, baie de Caracolle. Pendant qu'on le construisait, l'Amiral descendait chaque jour à terre, pour y passer la nuit. Un jour, en débarquant de sa chaloupe, il rencontra un des frères du cacique, qui le conduisit par la main dans une maison ornée de feuillages, où le roi vint le trouver aussitôt, et lui mit au cou une lame d'or. L'Amiral portait un collier de verroterie, il le donna au prince ainsi qu'un manteau écarlate brodé d'or, des bottines rouges, et un anneau d'argent. Les cinq caciques reçurent aussi leur part et une fois cette cérémonie terminée, l'Amiral put se convaincre une fois de plus, en voyant le contentement de ces hommes simples, qu'il était plus facile de maîtriser les peuples par la douceur que par la violence.

Les insulaires l'ayant averti qu'ils avaient découvert un navire rôdant à l'est autour de la côte, il ne douta point que ce ne fût la *Pinta*, dont la désertion lui causait beaucoup plus de chagrin depuis la perte de sa caravelle. Il dépêcha une chaloupe avec ordre de la chercher et remit à l'officier qu'il chargea de ce soin, une lettre pour Alphonse Pinzon, dans laquelle il dissimulait son ressentiment et l'exhortait à rentrer dans le devoir. La chaloupe, après un long trajet, revint sans avoir pu découvrir la caravelle. L'Amiral pensa aussitôt que Pinzon avait pris le chemin de l'Espagne, afin d'y porter la première nouvelle des découvertes, et pour s'en attribuer toute la gloire. Ce soupçon le détermina à presser son départ, et lui fit remettre à d'autres temps la visite des mines de Cibao.

Il choisit trente-huit hommes des plus forts et des plus résolus et leur donna pour commandant Diego de Arana, gentilhomme de Cordoue, qu'il revêtit d'un pouvoir absolu, tel qu'il l'avait reçu lui-même de Ferdinand et d'Isabelle ; et il nomma Pedro Guttierrez et Rodrigo de Escovedo pour le remplacer successivement, si la mort ou quelque autre accident l'enlevait à la colonie. Il laissa tout ce qu'il put se retrancher de vin, de biscuit et d'autres provisions, avec diverses sortes de grains pour semer, et quantité de marchandises qui devaient servir à l'entretien du commerce avec les insulaires. L'engagement des colons étant purement volontaire, il leur représenta toute l'importance qu'il y avait pour eux et pour leur patrie, de vivre unis, de respecter les alliés, et d'apprendre leur langue. Les provisions qu'il leur laissait, suffisaient pour une année, et son absence ne devait pas durer si longtemps. Il se rendit auprès de Guacanagari devenu son fidèle ami; il lui montra les canons laissés dans le fort et lui assura qu'il avait commandé à ses soldats de le défendre contre ses ennemis. Le prince, en retour, s'engagea à traiter les Castillans comme ses propres enfants; et comme gage de sa promesse, il ordonna à plusieurs de ses sujets et à un de ses plus proches parents, de suivre les étrangers dans leur pays.

Le 4 janvier 1493, l'Amiral mit à la voile et remonta à l'est pour achever la reconnaissance de la côte septentrionale de l'île. Il rencontra en chemin la *Pinta*, près d'une montagne nommée par lui Monte-Christo. Il écouta en silence les excuses du commandant Pinzon, mais sans y ajouter foi. Le 9, il découvrit le cap del Enamorada ; après l'avoir doublé, il jeta l'ancre dans une vaste baie qu'il supposait être un bras de mer séparant Hispaniola de quelque autre île. Il descendit à terre, et vit des naturels bien différents de ceux qu'il venait de quitter : ils avaient l'air farouche, étaient peints d'une façon hideuse, portaient leurs cheveux longs noués par derrière, et ornés de plumes de perroquet ; ils étaient armés d'arcs et de flèches, de massues de guerre et de formidables couteaux. C'étaient les alliés des Caraïbes. Au moment où quelques matelots, sur l'ordre de l'Amiral, voulaient troquer quelques armes de ces naturels, pour les emporter en Espagne comme objets de curiosité, un engagement sanglant éclata : les sauvages furent poursuivis et pour la plupart massacrés. Ce fut le premier sang indigène versé par les Européens dans le nouveau monde.

XIII

Le 16 janvier 1493, on se mit en route pour l'Espagne. Le temps fut très beau au commencement de la traversée ; mais le 12 février, étant près des Açores, on commença à avoir la grosse mer et à éprouver la tempête ; la mer devint terrible le 13, et le lendemain le vent de plus en plus violent. La *Pinta* fut bientôt perdue de vue malgré les signaux de l'Amiral dont le navire était couvert par les flots. Dans cette triste position, il chercha à se rendre le Ciel favorable en ordonnant un pèlerinage, et en faisant, ainsi que tout son équipage, le vœu que, dans la première terre où ils arriveraient, ils iraient tous faire une prière dans une église sous l'invocation de Notre-Dame. Son plus grand chagrin fut de penser que sa découverte allait être ensevelie avec lui ; il employa le seul moyen qui lui restait pour en conserver la mémoire : il écrivit sur deux feuilles de parchemin le résumé de son voyage ; chacune de ces feuilles fut mise dans un gâteau de cire placé dans une barrique hermétiquement fermée. Une des barriques fut jetée à la mer sur le champ ; l'autre fut conservée sur le pont du navire, et ne devait y être lancée qu'à la dernière extrémité. Ces précautions furent heureusement inutiles, car le vent se calma et le 15 février, la *Niña*, passa près des Açores, et aborda, le 18, au nord de l'île

Sainte-Marie. Don Juan de Castañeda avait le commandement de cette île qui faisait partie des nouvelles possessions portugaises. Dès qu'il apprit l'arrivée de l'Amiral, il l'envoya complimenter et lui fit porter quelques rafraîchissements. Cette politesse lui inspira tant de confiance, qu'il ordonna le lendemain à une partie de son équipage, de descendre pour se rendre en procession dans une chapelle voisine, où il se proposait d'aller lui-même le jour suivant avec le reste de ses compagnons. Les Castillans étaient non-seulement sans armes, mais en chemise, suivant le vœu qu'ils avaient fait. A peine eurent-ils perdu de vue le rivage, qu'une troupe de Portugais fondit sur eux et les fit prisonniers ; l'Amiral, surpris de ne pas les revoir à la fin de la journée, fit avancer sa caravelle vers une pointe d'où l'on pouvait aisément découvrir la chapelle.

Il vit sa barque ; mais au lieu de ses gens, il aperçut auprès un grand nombre de cavaliers armés, qui descendaient de cheval, et se préparaient à y entrer, sans doute pour venir l'attaquer. Résolu à ne pas commencer les hostilités, il fit mettre ses hommes sous les armes et attendit. Les Portugais, s'étant avancés à la portée de la voix, il leur manifesta son étonnement de ne voir aucun de ses hommes, leur dit qu'il ne s'attendait pas à être trahi après avoir été salué ; qu'il avait l'honneur d'être amiral de l'Océan et vice-roi des Indes pour l'Espagne, et qu'il était prêt à montrer ses provisions. L'officier portugais lui répondit qu'on ne connaissait dans l'île ni le roi d'Espagne ni ses lettres, et qu'il serait traité comme ses gens, s'il avait l'audace d'entrer dans le port. Un langage si offensant fit douter à l'Amiral si, depuis son départ, les deux couronnes de Castille et de Portugal n'avaient pas rompu la paix. Il prit tous ses gens à témoin de ce qu'ils avaient entendu ; et, s'armant de fierté, à son tour, il jura qu'il ne partirait point sans une vengeance éclatante. Pendant qu'il se préparait à attaquer l'île Sainte-Marie, un officier, deux prêtres et cinq matelots montés sur une chaloupe, s'approchèrent de la caravelle, et demandèrent la permission de lui parler. Ils lui dirent qu'ils venaient de la part de leur commandant pour s'assurer si le navire portait réellement un amiral d'Espagne, et qu'ils avaient reçu l'ordre, dans ce cas, de lui rendre tous les honneurs dus à son rang. L'Amiral leur montra ses provisions et les lettres du roi Ferdinand qui le recommandaient à toutes les puissances du monde. Dans la soirée, les Castillans furent relâchés et le commandant vint faire ses excuses à l'Amiral, qui affecta de paraître satisfait. Il ne tarda pas à apprendre que ce n'était qu'une fourberie, car tous les sujets du roi de Portugal avaient ordre de l'arrêter, et qu'il n'aurait pas été épargné s'il était descendu avec la première partie de ses gens, ainsi que les Portugais se l'étaient persuadé.

Le temps étant devenu favorable, l'Amiral fit prendre la route de l'est. A peu de distance de la côte d'Espagne, lorsqu'il touchait presque au terme de son voyage, une tempête s'éleva aussi violente que la première. La *Niña* dut entrer dans le Tage, pour s'abriter.

Le roi de Portugal était alors à Valparaiso. L'Amiral, commença par envoyer un courrier à la cour d'Espagne, puis écrivit au roi Jean pour lui demander la permission de mouiller dans le port de Lisbonne.

Le bruit de son arrivée s'était répandu dans la capitale avec la rapidité de l'éclair. Tous les habitants étaient impatients d'admirer les hommes qui avaient découvert un nouveau monde. Par ordre du roi, tous les seigneurs de la cour vinrent au-devant de l'Amiral et l'accompagnèrent jusqu'au palais. Il y fut reçu comme un véritable souverain ; le roi le fit asseoir et couvrir devant lui, puis lui fit raconter toutes les péripéties de son voyage. L'histoire doit rendre cette justice au roi Jean II qu'il sut s'incliner devant le génie et qu'il ne se laissa pas entraîner par la jalousie qu'il aurait pu avoir, attendu que c'était parce qu'il avait négligé les offres qui lui avaient été faites par le héros lui-même, que le Portugal ne profitait pas des découvertes du marin corse.

Le 13, l'Amiral remit à la voile pour l'Espagne, avec un vent si favorable, que le vendredi 15 mars 1493, il entra à midi dans le port de Palos, après une absence de sept mois et onze jours.

XIV

Depuis près de six mois, les habitants de la petite ville de Palos étaient dans la consternation et l'abattement. Ils ne voyaient pas revenir les marins qui s'étaient aventurés sur la mer ténébreuse. Chaque jour leurs regards inquiets fouillaient le vaste Océan, chaque jour ils allaient s'agenouiller sur les dalles de la chapelle du cloître de la Rabida pour demander à la Vierge, le retour de leurs enfants. A la nuit tombante, les maisons éteignaient leurs feux; les rues étaient désertes et la ville plongée dans un morne silence

Les mois s'écoulaient et les mères étaient sans nouvelles de leurs enfants. Elles maudissaient tout bas les souverains, lesquels avaient ajouté foi aux extravagances d'un aventurier qui, une nuit, avait rêvé de trouver un nouveau monde, et, le lendemain, s'était réveillé convaincu qu'en cherchant bien, il rencontrerait, peut-être, des gens assez naïfs pour l'écouter et le servir. Il avait eu la grande volonté de vivre de ce rêve durant vingt années, et il était arrivé à son but; mais à quel prix : le trésor de Castille complètement ruiné, et l'élite des défenseurs de l'Espagne perdue à jamais. Tels étaient les sentiments qui germaient encore dans l'esprit de la majeure partie des habitants de Palos, le 14 mars 1493 !

La joie fut grande, lorsqu'on apprit l'arrivée de l'Amiral. Palos de Moguer, la veille encore plongée dans la tristesse, retentit de mille cris de bonheur; et, durant une semaine, on n'entendit plus que chants d'allégresse dans les maisons, on ne vit plus que danses et jeux dans les carrefours. La cour était, alors, à Barcelone. L'Amiral s'y rendit avec ses six Indiens, ainsi qu'avec les curiosités et les productions qu'il avait emmenées avec lui. Partout les populations se pressaient sur ses pas pour admirer des choses si nouvelles et si étranges. Son entrée dans la ville fut un véritable triomphe. Les Indiens ouvraient la marche ; ils étaient peints de diverses couleurs, et parés d'ornements d'or. Après eux, on portait une multitude de perroquets vivants, des animaux de toute espèce, des perles, des bracelets indiens, de l'or en poudre, de l'or en grains, du maïs, du coton, de la farine de manioc, puis ce tubercule féculent, aux bienfaits ignorés, cette fortune du pauvre que Parmentier devait révéler deux siècles plus tard ; des plantes aux propriétés inconnues : le quina-quina, le tabaco, et le coca appelé ypadu par les indigènes. L'Amiral, à cheval au milieu d'une cavalcade de jeunes Espagnols, fermait le défilé. On lui avait préparé, sur une estrade, un dais de brocart d'or, au centre d'un vaste salon où l'attendaient le roi et la reine, entourés de tous les dignitaires de la couronne. A son approche, Ferdinand et

Isabelle se levèrent et le firent asseoir en leur présence. Il fit le récit de son expédition et fut écouté avec la plus vive émotion. Lorsqu'il eut cessé de parler, les souverains tombèrent à genoux, adressèrent à Dieu des actions de grâces, et toute l'assistance entonna le *Te Deum* !

Au milieu des réjouissances universelles que fit naître la grande nouvelle de ses découvertes, l'Amiral songea à un second voyage, qui devait lui procurer les richesses nécessaires pour arracher le tombeau du Christ au pouvoir des musulmans. Ferdinand confirma tous les privilèges qu'il lui avait accordés et lui permit de joindre, dans son écusson, aux armes de sa famille, celles des royaumes de Castille et de Léon, avec les emblèmes de ses dignités et de ses découvertes.

Pendant que ses compagnons étaient fêtés par leurs parents et par leurs amis, l'Amiral, au milieu des honneurs et des louanges, se trouvait, à Palos, comme un étranger, n'ayant que des admirateurs, mais pas de famille ! Heureusement pour lui, il y avait encore une maison où des amis fidèles attendaient son retour avec impatience, et faisaient, chaque jour, des vœux ardents pour le succès de son entreprise. Cette maison était le monastère de la Rabida. Ces amis étaient les franciscains.

On devine aisément le bonheur du père Juan Perez lorsqu'il revit son ami. Cette pensée sublime qu'ils avaient eue d'abord, séparément l'un et l'autre, cette espérance, qu'ils eurent ensuite mutuellement, cette énergie qui sut triompher de l'orgueil et des préjugés des savants, se trouvaient enfin récompensées ! Le père Juan Perez de Marchena ne s'était pas trompé ! Au delà de cette ligne bleue que son regard interrogeait si souvent à l'occident, existaient des terres habitées, où l'or était foulé sous les pieds, où le sol était d'une fertilité inouïe, où, enfin, il y avait des peuples à civiliser et à convertir.

XV

Au commencement du mois de septembre 1493, la baie de Cadix était incessamment sillonnée par une grande quantité d'embarcations de tout genre. On n'avait jamais vu un pareil encombrement de navires. Quatorze caravelles mouillées autour de trois grandes caraques, dont la plus haute, nommée la *Gracieuse-Marie*, portait pavillon d'amiral, se balançaient mollement sur leurs ancres, prêtes à emporter dans leurs flancs les premiers éléments d'une colonisation.

Outre des munitions de bouche, des graines, du blé, du seigle, de l'avoine, des légumes pour l'ensemencement des terres, l'Amiral avait fait embarquer des bestiaux, des chevaux, des instruments aratoires, des marchandises pour le commerce et pour les présents, de la chaux, de la brique, du fer, et tout ce qui peut servir aux besoins et aux progrès d'une colonie.

Sans compter l'état-major, les gens de guerre, les laboureurs, jardiniers, forgerons, maçons, charpentiers, domestiques, formant un effectif de cinq cents hommes, soldés par la couronne d'Espagne, un grand nombre d'individus de tout âge et de tout rang, enthousiasmés par les récits qu'on leur avait faits des nouvelles régions, avaient sollicité la faveur d'y aller à leurs frais. Quel contraste frappant entre la consternation et les larmes qui signalèrent le premier départ, et la joie et l'impatience de bon augure qui retentissaient autour de la flotte. Le 25 septembre 1493, une heure avant le lever du soleil, en présence de ses deux fils qui lui faisaient leurs adieux du rivage, l'Amiral donna l'ordre d'appareiller.

La flotte, déployant ses voiles avec ardeur, suivit la *Gracieuse-Marie* gouvernant vers les Canaries. Le 5 octobre, l'Amiral jeta l'ancre à Gomera où il fit une ample provision de bois et d'eau et acheta des veaux, des chèvres, des brebis et des cochons. Au lieu de suivre le parallèle de ces îles, comme dans son premier voyage, il alla chercher celui des îles du Cap-Vert, et s'y maintint jusqu'au dimanche 3 novembre, jour où il découvrit la Dominique, l'une des Antilles.

Ayant aperçu d'autres îles au nord, il se dirigea de ce côté, et prit successivement connaissance de la Guadeloupe, d'Antigoa, de Saint-Christophe, et des îles connues sous le nom d'Iles sous le Vent ; ensuite il passa entre Sainte-Croix et les îles Vierges, et, le 22 novembre, il vint à la pointe orientale d'Haïti, par le sud de Porto-Rico.

En arrivant à l'île Hispaniola, l'Amiral vit le fort de la Natividad détruit ; tous ceux qu'il y avait laissés avaient été tués par trahison, en combattant contre les insulaires. Il y avait à peine une heure que l'Amiral était descendu à terre et se livrait à de tristes réflexions sur cette catastrophe, lorsqu'il vit arriver avec une suite nombreuse, un prince de l'île, frère de Guacanagari lequel lui raconta, qu'après son départ, la discorde s'était mise à régner dans la colonie ; que les ordres du commandant n'étant plus respectés, les soldats s'étaient livrés aux plus odieux débordements; que les insulaires avaient vu ravir leurs femmes, enlever leurs biens, et commettre toutes sortes de brigandages ; que le roi son frère avait fait tous ses efforts pour maintenir ses sujets dans le respect des Européens, en leur promettant que l'Amiral serait bientôt de retour, et mettrait un terme à ces excès ; il dit aussi que Guttierrez et Escovedo, après avoir tué un habitant du pays, étaient passés avec neuf de leurs compagnons, dans les états d'un cacique nommé Caonabo, qui les avait tous massacrés, avait assiégé la forteresse avec une nombreuse armée, et n'ayant pu l'emporter d'assaut, y avait mis le feu pendant la nuit ; que les assiégés, au nombre de dix, sous les ordres de Diego de Arana, avaient tenté de se sauver par mer, mais qu'ils s'étaient noyés, en voulant passer à la nage de l'autre côté du port ; qu'à la première nouvelle des hostilités, son frère s'était hâté de rassembler des troupes pour défendre ses amis, les Castillans, mais qu'il était arrivé trop tard pour les secourir ; qu'il avait néanmoins livré bataille au cacique et l'avait défait ; mais que, blessé grièvement il n'avait pu, malheureusement, profiter de sa victoire. Encore trop souffrant, il regrettait de ne pouvoir témoigner, lui-même, à l'Amiral, combien il était sensible à l'infortune de ses gens ; et il espérait que son ami voudrait bien resserrer leur alliance et leur amitié par de nouveaux liens.

L'Amiral, bien qu'il n'eût pas grande confiance dans le discours mielleux du frère de Guacanagari, n'hésita pas à se rendre à la cour de ce dernier. Le pauvre cacique lui fit, d'un air lamentable, le récit du malheur des Espagnols, et lui montra ses blessures. Il fit présent à l'Amiral de cent plaques et d'une couronne d'or, de trois calebasses remplies de grains d'or, dont le poids s'élevait à deux cents livres. Il reçut en échange, des couteaux, des aiguilles, des épingles, des miroirs, et une image de la Vierge.

Après ce nouveau traité, où la confiance et l'amitié avaient repris une nouvelle force, l'Amiral ne pensa qu'à établir sa colonie sur des bases solides. Le 7 septembre, il partit de Puerto-Real avec toute sa flotte, pour former un nouvel établissement à Puerto di

Plata, où le pays lui paraissait plus agréable et plus fertile. Bien que la route fût courte, une violente tempête le surprit et l'obligea à retirer ses navires dans un fleuve qu'il aperçut deux lieues au-dessous de Monte-Christo. Ce fleuve, quoique n'ayant pas plus de quatre vingts mètres de large, formait un port assez commode. L'Amiral descendit près d'un village qui bordait le rivage ; et, remontant le fleuve, il remarqua qu'il était possible de détourner les eaux et leur faire traverser le village, pour les utiliser aux besoins d'une colonie.

Tout près, il y avait une grande plaine, très fertile, où la terre était partout excellente, et la pierre à bâtir se trouvait en abondance ; dans ces conditions, il n'y avait pas à hésiter pour y jeter les fondements d'une ville. L'Amiral fit d'abord construire une église et un magasin ; puis il dressa le plan des rues. Les édifices publics furent construits avec la pierre du pays, et les maisons avec du bois, de la paille et des feuilles de palmiers. Cette ville nouvelle, la première du nouveau monde, reçut le nom d'Isabella, en l'honneur de la reine de Castille, à laquelle l'Amiral attribuait sa fortune et sa gloire.

Une fois la colonie établie, il se décida à visiter les mines de Cibao ; il se fit accompagner de ses meilleurs soldats, et, laissant Diego, son frère, pour commander dans Isabella, il se mit en marche, le 12 mars, enseignes déployées, au son des tambours et des trompettes. Le deuxième jour, la petite troupe arriva au pied d'une montagne escarpée dominant la vaste et belle plaine de Vega-Real et séparant le pays arrosé par l'Yaqui de la province de Cibao.

Ce nom de Cibao, vient de la nature du sol, qui n'est composé que de rocs ou de cailloux, lesquels s'appellent *ciba* dans la langue du pays. Quoique l'entrée du pays soit affreuse, on s'aperçoit bientôt que l'air y est doux et très sain. Des rivières et des ruisseaux coulent de toutes parts et leurs rives sont couvertes de pins et de hêtres qui semblent former, vus de loin, d'immenses forêts. L'Amiral traça lui-même le plan d'un fort sur une montagne dont la rivière de Xanique faisait une presqu'île. Quoiqu'il n'y eût pas beaucoup d'or dans cette rivière, le pays qu'elle arrose était rempli de mines. La forteresse bâtie de pierre et de bois prit le nom de Saint-Thomas, pour railler les incrédules qui n'avaient pas voulu croire ce qu'on publiait des mines de Cibao sans les avoir vues de leurs propres yeux.

L'Amiral confia le gouvernement de cette importante place à don Pedro de Margarite, et lui laissa cinquante-six hommes; puis il retourna à Isabella, où il retrouva son frère Barthélemy, qu'il n'avait pas revu depuis treize ans. Barthélemy, après avoir abandonné ses négociations avec la cour d'Angleterre, était retourné en Espagne en traversant la France. Il avait appris, à Paris, la nouvelle des découvertes étonnantes de son frère, et, sachant qu'il devait partir pour une seconde expédition, il s'était dépêché de se rendre en Espagne, mais était arrivé trop tard. Ferdinand et Isabelle le reçurent avec les plus grands honneurs, et, pensant avec raison que Colomb éprouverait une grande joie de le revoir, ils lui donnèrent le commandement de trois caravelles destinées à porter des provisions à la colonie d'Isabella.

Colomb avait plus besoin que jamais d'un ami pour l'assister de ses conseils et partager avec lui les soins et les tracas du commandement. Barthélemy possédait toutes les grandes qualités de Christophe, et il était réellement né pour le seconder en tout et partout. La destinée les avait séparés durant de longues années ; elle les réunit dans un moment où l'union de deux hommes énergiques était indispensable pour triompher des difficultés que Colomb seul n'aurait pu vaincre, malgré son ardent courage et sa violente énergie.

Les dissensions qui s'étaient élevées dans la nouvelle colonie, donnèrent, à plusieurs caciques, l'idée de se révolter contre les Espagnols. Ce n'est que lorsqu'ils voient les tigres s'entre-dévorer, que les léopards osent les attaquer. Une armée forte de cent mille hommes se réunit dans la Vega-Real, sous les ordres de Manicate, un des frères du cacique Caonabo. L'armée espagnole, divisée en deux corps, sous les ordres de Christophe Colomb et de Barthélemy à qui l'Amiral avait décerné le titre d'adelantado, antique privilège qui donnait le rang suprême aux armées, se composait de deux cents hommes. Tel un grain de blé perdu dans une vaste prairie. Les éclaireurs indigènes, pour représenter la faiblesse numérique des étrangers, avaient écrasé sous leurs pieds quelques grains de maïs, voulant démontrer, par cet acte significatif, qu'il leur serait aussi facile d'étouffer cette poignée d'hommes sous leur multitude. Mais leurs espérances furent promptement déçues. Don Barthélemy les attaqua résolûment avec cent hommes, tandis que l'autre partie chargeait impétueusement sur la gauche, et que l'intrépide Luis de Torres se précipitait avec vingt chevaux sur le corps d'armée principal. Les malheureux insulaires peu accoutumés à des combats aussi sanglants, furent étrangement surpris de voir tomber parmi eux des files entières par le feu des arquebuses ; de voir deux ou trois hommes transpercés à la fois par les longues épées espagnoles ; d'être foulés aux pieds des chevaux, et, saisis par de gros chiens corses qui, leur sautant à la gorge, avec d'horribles hurlements, les étranglaient et mettaient facilement en pièces leurs corps qu'aucun vêtement ne préservait des morsures. Le champ de bataille fut bientôt couvert de morts et les Castillans qui avaient perdu très peu de monde, poursuivirent les fuyards et firent un grand nombre de prisonniers.

L'Amiral employa dix mois à faire des courses dans l'île pour y répandre la terreur et empêcher de nouvelles révoltes. Après avoir soumis les caciques, il leur imposa un tribut, consistant, pour ceux qui étaient voisins des mines, à payer une mesure d'or tous les trois mois ; et, pour tous les autres, à fournir vingt-cinq livres de coton.

Pendant que l'Amiral s'efforçait de remédier aux maux produits par la mauvaise administration de don Pedro de Margarite, celui-ci, qui était retourné en Espagne avec une bande de mécontents, s'occupait avec eux à miner la réputation de l'Amiral à la cour.

La calomnie trouve toujours un accueil favorable auprès des envieux ; c'est ainsi qu'ils furent secondés dans leur mauvaise action, par l'évêque de Badajoz, président du conseil des Indes. Ferdinand prêta une oreille complaisante aux accusations portées contre le grand homme, et il envoya, sur les lieux, Juan Aguado, officier de sa maison, sous prétexte de s'assurer de l'état des choses dans la colonie, mais, en réalité, pour surveiller l'Amiral.

Arrivé à Isabella au mois d'octobre, Aguado, quoiqu'il n'eût jamais reçu que des bienfaits de l'Amiral, qui l'avait recommandé à l'attention de ses souverains, au lieu de se borner à la mission qu'on lui avait confiée, voulut usurper son autorité, et se conduisit d'une façon si inique, que l'Amiral ne put supporter plus longtemps son arrogance, et n'eut d'autre ressource que de se rendre lui-même à la cour afin de se justifier.

Après avoir mis tout en ordre dans la colonie, il chargea son frère Barthélemy de l'administrer pendant son absence, et, quittant Isabella, le 10 mars 1496, il mit définitivement à la voile le 20 avril suivant, et se dirigea droit à l'est d'Hispaniola, sous le parallèle du vingt-deuxième degré de latitude. L'expérience n'avait pas encore enseigné aux navigateurs la méthode plus sûre de porter au nord pour trouver les vents du sud-ouest. Malgré l'extrême difficulté de cette navigation, il suivit sa route avec sa patience et son énergie ordinaires, mais il fit si peu de chemin, qu'après deux mois de traversée, il ne voyait pas encore la terre. Les provisions commençaient à s'épuiser ; l'équipage et lui-même étaient réduits à cent cinquante grammes de pain par jour, pour chaque personne. Les Castillans proposèrent de manger les Indiens qu'ils avaient à bord, ou de les jeter à la mer pour augmenter la ration.

L'Amiral écarta ces idées féroces par son autorité et par ses remontrances en représentant à ses gens que ces indigènes étaient des hommes comme eux, et qu'ils avaient, par conséquent, les mêmes droits à la vie. Le 20 juillet, vers deux heures de l'après-midi, les caravelles firent leur entrée dans le port de Cadix.

Attristé par l'accueil glacial que lui fit le peuple sur son passage, l'Amiral se rendit à Burgos, où résidait alors la cour. Combien il était changé depuis son premier voyage ! Son visage était jauni par les souffrances ; il avait laissé croître sa barbe, et il portait un habit de franciscain, avec une corde pour ceinture. Il parut à la cour avec la confiance tranquille d'un homme qui se regarde, non-seulement comme irréprochable, mais encore comme ayant rendu d'importants services. Ferdinand et Isabelle, honteux d'avoir ajouté foi aux calomnies débitées contre lui, le reçurent de la façon la plus gracieuse, et lui témoignèrent la grande satisfaction qu'ils éprouvaient de sa conduite et de ses découvertes.

Les souverains, voulant pourvoir la colonie d'Hispaniola de tout ce qui était nécessaire à son complet établissement, firent préparer une nouvelle escadre pour aller à la recherche des autres contrées dont l'Amiral regardait l'existence comme incontestable. Le premier voyage n'avait eu pour objet que la découverte du nouveau monde ; dans le second on s'était proposé de fonder une colonie ; mais les mesures prises s'étaient trouvées insuffisantes, et avaient été rendues inutiles, par les révoltes des caciques, engendrées par la mauvaise conduite des Espagnols. Dans un troisième voyage, on voulait suivre un nouveau plan pour une colonie régulière, qui pût servir de modèle à tous les établissements semblables que l'on créerait à l'avenir.

XVI

Le 30 mai 1498, l'Amiral partit avec six navires du port de San-Lucar de Barrameda pour sa troisième expédition. La route qu'il prit était différente de celle qu'il avait suivie dans ses précédents voyages. A partir des îles du Cap-Vert, il naviguea au sud-ouest jusqu'à la ligne équinoxiale, et il alla ensuite directement à l'ouest, en profitant des vents alizés. Le 31 juillet, il découvrit l'île de la Trinité, puis il passa au sud, s'engagea dans le golfe de Paria, et vint à la sortie nord de ce golfe, appelée la Bouche-du-Dragon, après avoir traversé une des embouchures de l'Orénoque ; il s'avança, ensuite, au nord-est, et vit, à une distance de plusieurs lieues, deux îles qu'il appela Assomption et Conception. Le 15, il découvrit les îles Marguerite et Cubagua. Etant parvenu au lieu où l'on a bâti, depuis, la ville de Caracas, il s'éloigna, à son grand regret de la côte, qui continuait de s'étendre à l'ouest, et qu'il aurait voulu explorer en détail; mais ses provisions étaient épuisées, et il souffrait tellement de la vue, qu'il ne pouvait plus faire aucune observation. Il se dirigea vers l'île Hispaniola et arriva à l'embouchure de l'Ozama, où son frère, Barthélemy, avait fondé, par son ordre, la ville de Santo-Domingo. La nouvelle colonie était dans le plus grand désarroi. L'accueil fait aux mutins par l'évêque de Badajoz les avait rendus audacieux et ils s'étaient révoltés ouvertement contre l'autorité de l'adelantado. L'Amiral craignit de donner trop d'avantage à ses ennemis, s'il les attaquait de vive force, parce qu'ils n'auraient pas manqué de l'accuser d'avoir suscité une guerre civile. D'ailleurs, les murmures qu'il entendait de tous côtés, lui firent appréhender d'être abandonné de ceux-là même qui lui étaient restés fidèles, s'il prenait un parti violent. Un traité par lequel il consentait à oublier le passé, et à les renvoyer en Espagne fut conclu avec les rebelles. La nouvelle de cette sédition arriva à la cour en même temps que celle de la découverte du pays qui se nomme, aujourd'hui, Vénézuéla.

Trois caravelles avaient mis à la voile le 18 octobre 1498, pour porter aux souverains, le Journal du voyage, une carte de la côte nouvellement découverte, des échantillons de l'or et des perles trouvés dans le pays, ainsi que le récit de l'insurrection et du pacte que l'Amiral avait cru devoir faire avec les rebelles. L'Amiral visita le golfe de Paria, dont il regardait la côte comme un prolongement du continent asiatique ; il explora la province de Xaragua, où il établit une chaîne de postes militaires, et réprima l'insurrection du cacique Guarionex. Pendant qu'il se dévouait avec un noble zèle pour la gloire de l'Espagne, ses ennemis recommençaient leurs intrigues à la cour. Ferdinand écoutait volontiers les détracteurs de l'Amiral ; le tableau enchanteur que celui-ci avait tracé des richesses du nouveau monde, le peu de revenus tirés des pays découverts, ne suffisaient pas à l'ambition du roi, pour lequel l'intérêt primait la gloire, et qui ne voyait que les résultats acquis jusqu'alors, sans se soucier des avantages que le commerce de l'Espagne pourrait en retirer, par la suite. Isabelle, douée d'un esprit plus large, avait toujours eu une grande sympathie pour l'Amiral, dont elle admirait les merveilleuses qualités ; mais la violence des accusateurs de ce dernier, à la tête desquels se trouvait l'évêque de Badojoz, et le sentiment de prévention qui germait sans cesse dans l'esprit de son époux, la firent céder au torrent de la calomnie. François de Bobadilla fut envoyé à Hispaniola, muni de pleins pouvoirs, dans le but de faire une enquête sur la conduite et la gestion de l'Amiral. Jaloux de sa gloire, désireux de lui succéder dans les prérogatives qu'il avait légitimement acquises, il ordonna à ses sbires de l'arrêter ainsi que son frère, et les fit conduire en Espagne, chargés de fers.

Le capitaine don Alonzo de Vallejo, ayant reçu la triste mission de ramener l'Amiral en Espagne, compatit à son sort, et voulut lui ôter ses fers. « Non, dit-il, avec une noble fierté, le roi et la reine m'ont écrit de me soumettre à tout ce que Bobadilla m'ordonnerait en leur nom : c'est en leur nom qu'il m'a chargé de ces fers, je les porterai jusqu'à ce qu'ils donnent l'ordre de me les ôter ; je les conserverai comme un souvenir de la récompense accordée à mes loyaux services, et j'ordonnerai qu'à ma mort ils soient enfermés dans mon cercueil. »

A son arrivée à Cadix, l'Amiral fit parvenir à dona Juana de la Torre, favorite de la reine, une lettre dans laquelle il se plaignait amèrement de l'injustice et de l'ingratitude des hommes, et de l'ignoble traitement qu'on lui avait infligé : « Les calomnies d'hommes méprisables m'ont nui plus que tous mes services ne m'ont profité. Telle est la mauvaise réputation qu'on m'a faite, que, si je venais à fonder des hôpitaux et des églises, on les appellerait des cavernes de voleurs. La cause de tout le mal, c'est que la personne envoyée pour faire une enquête sur ma conduite, savait que si les chefs d'accusation qu'elle pourrait recueillir semblaient sérieux, elle serait nommée à ma place. » Après que cette lettre eut été communiquée à Isabelle et à Ferdinand, ils désapprouvèrent hautement la conduite de Bobadilla, et donnèrent l'ordre de mettre les prisonniers en liberté ; en même temps, ils écrivirent à l'Amiral pour lui témoigner, dans les termes les plus affectueux, leurs regrets de tous les ennuis qu'il avait endurés.

L'accueil qu'il reçut ensuite à la cour fut en harmonie avec les termes de cette lettre, et l'Amiral, toujours magnanime, oublia ses souffrances et ne garda point de haine envers ses détracteurs.

Quoique malade, et âgé de soixante-sept ans, il ne resta pas longtemps inactif. Animé de cet esprit religieux qui lui faisait, à la fois, commenter l'Apocalypse et songer à la délivrance du Saint-Sépulcre, il voulut entreprendre un quatrième voyage pour en rapporter de grandes quantités d'or.

XVII

Ce fut dans cette exaltation fébrile, entretenue, d'un côté, par un cœur ulcéré, et, de l'autre, par l'accomplissement d'un vœu fervent, que l'Amiral partit de Cadix, le 9 mai 1502, avec son frère Barthélemy. Il explora de nouveau les environs de Cuba et découvrit cette partie de la côte du golfe du Mexique comprise entre le Honduras et le pays des Mosquitos, à l'extrémité occidentale de l'isthme de Panama. Quelques naturels lui ayant parlé d'un pays plus éloigné, appelé le Ciguare, il crut comprendre que la mer allait jusqu'à Ciguare, qu'au delà, à dix journées de distance se trouvait le Gange, et que Ciguare était sous la dépendance du grand kan. Au grand déplaisir des Indiens et de leur cacique Quibian, il essaya de fonder une colonie sur la rivière de Belen, qui lui semblait l'une des sources où le roi Salomon avait puisé ses richesses. Il y établit son frère, l'adelantado, avec plusieurs de ses compagnons, dont la plupart furent tués par les sauvages. L'adelantado, avec le petit nombre d'Espagnols échappés au massacre, se construisit un rempart avec des caisses et des tonneaux, afin de s'abriter contre les attaques nocturnes des Indiens. Ce fut dans cette forteresse improvisée que les colons attendirent, avec anxiété, leur délivrance. L'Amiral en fut instruit ; mais ses navires, fracassés par les tempêtes, rongés par les vers, et prêts à tomber en pièces, ne lui permettaient pas d'approcher du rivage pour secourir ses compagnons traqués par les sauvages que le retour de leurs frères et de leur chef, sauvés des mains des Espagnols, excitait au plus haut point. Cette situation cruelle, qui se prolongea pendant neuf jours d'orage, jointe à des nuits sans repos et à des transes continuelles, portèrent le dernier coup à une constitution déjà minée par l'âge et par les fatigues. Dans le paroxysme de la fièvre, et au milieu des souffrances, qui lui brisaient l'esprit et le corps, l'Amiral eut comme des instants de délire, et il fut prêt à défaillir. Mais la Providence n'abandonna pas l'homme qui avait toujours eu tant de confiance en elle et, un jour, qu'il s'était endormi, épuisé, il entendit une voix plaintive lui adresser ces paroles (1) : « O insensé ! ne vas-tu pas douter de la miséricorde de ton Dieu, du Dieu de l'univers ! Cependant, que fit-il de plus pour Moïse et pour David ? Dès ta naissance, il a toujours pris le plus grand soin de toi. Dès qu'il te vit arrivé à l'âge convenable, il a fait merveilleusement retentir ton nom sur toute la terre. Les Indes, cette partie du monde si riche, il te les a données ; des barrières de l'Océan, fermées avec des chaînes si fortes, il t'a donné les clés. Tu as été obéi dans une foule de pays, tu as obtenu une grande renommée. A-t-il fait davantage pour le peuple d'Israël, quand il le tira d'Egypte, ou pour David, qu'il fit, de berger, roi de Judée ? Tourne-toi vers lui, et reconnais ton erreur. Courage ! courage ! ne crains rien ! Les tribulations sont écrites

(1) Lettre datée de la Jamaïque, 7 juillet 1503.

sur le marbre, et il est bon de les accepter avec résignation, car, si le bonheur ne les suit pas de près, on en trouve, un jour, la suprême récompense. »

Les blessures de son cœur se cicatrisèrent bien vite sous l'influence de ces rêves réconfortants.

Vers la fin d'avril 1503, après avoir délivré son frère et ses compagnons, il quitta la côte funeste de Veraguas, et se dirigea sur Hispaniola afin d'y ravitailler ses navires avant de retourner en Europe. Mais, bientôt, à la grande surprise de son équipage, il se mit de nouveau à longer la côte dans la direction de l'est, au lieu de cingler au nord, ce qui était la route directe aux yeux des pilotes; ceux-ci en murmurèrent, ignorant que l'Amiral avait pris cette direction pour éviter les courants rapides qui portent constamment à l'ouest.

Il atteignit Porto-Bello, où il laissa une de ses caravelles tellement vermoulue qu'elle ne se maintenait plus à flot. Tout l'équipage se trouvait dès lors entassé sur deux bâtiments, si délabrés qu'il fallait faire travailler les matelots aux pompes nuit et jour pour les empêcher de couler bas. En passant devant le port d'El Retrete, l'Amiral vit un groupe d'îles auquel il donna le nom de las Barbas. Le 10 mai, il arriva en vue des îles Tortugas et, continuant à se diriger vers le nord, il se trouva, le 30 mai, au milieu des Jardins de la reine, groupe d'îles au sud de Cuba. Il fut obligé de mouiller dans une anse à environ dix lieues de l'île principale. A peine venait-il de jeter l'ancre, qu'à minuit, il s'éleva une si violente tempête qu'on aurait dit, selon l'expression de l'Amiral, que c'était la fin du monde. La *Bermuda* fut lancée avec tant d'impétuosité contre la caravelle de l'Amiral, que la proue de l'une et la poupe de l'autre sautèrent en éclats. La tempête passée, il remit à la voile, toucha au cap Cruz, mais sans rencontrer d'indigènes, ni de provisions. Luttant, à la fois, contre la faim, la soif, et les courants contraires, il gagna le port de San-Gloria. Des navires il ne restait plus que la carcasse ; l'Amiral les fit attacher fortement l'un contre l'autre, et ordonna de les faire échouer contre un roc, à une portée d'arquebuse du rivage ; aussitôt ils furent remplis d'eau jusqu'au tillac. Sur la poupe et sur la proue, portions qui seules saillaient sur l'eau, on construisit des cabines couvertes de chaume, pour loger l'équipage. Ainsi fortifié, au milieu de la mer, sur ces tristes débris, l'Amiral espérait, à la fois, se garantir contre toute attaque soudaine des indigènes, et empêcher la désertion de ses matelots. Dans cette situation extrême, il ne lui restait qu'une chance de salut : c'était d'implorer le secours d'Ovando, gouverneur de Santo-Domingo, successeur de Bobadilla. Mais comment lui faire parvenir un message ? La distance entre la Jamaïque et Hispaniola est de quarante lieues, à travers des courants très dangereux, et il n'y avait pas d'autre moyen de transport que les pirogues des sauvages. Seul Diego Mendez risqua l'aventure. Une première fois, il échoua, et revint après une absence de quinze jours ; puis il partit de nouveau, et ce fut dans cet intervalle que l'équipage s'insurgea, le 2 janvier 1504.

Francisco Porras, que l'Amiral avait comblé de bienfaits, persuada aux matelots de ne fonder aucun espoir sur le retour de Mendez ; que ce n'était là qu'une ruse pour les apaiser, et que l'Amiral, banni de l'Espagne, n'avait ni l'intention ni le désir d'y retourner. Ces paroles produisirent leur effet : l'équipage se mutina. L'Amiral était alité. Au bruit du soulèvement, il se traîna hors de sa cabine, espérant par sa présence apaiser les révoltés. Sans le sang-froid de son frère Barthélemy et de quelques fidèles serviteurs, il aurait, peut-être, été massacré. Quarante-huit de ces rebelles se séparèrent de lui et gagnèrent Hispaniola, où ils commirent toutes sortes d'excès. Il ne resta que les infirmes et les malades. Bientôt la disette se fit sentir parmi ces infortunés, d'autant plus cruellement que les Indiens refusaient obstinément de leur apporter des provisions. Dans cette terrible situation une idée lumineuse se présenta à l'esprit de l'Amiral : grâce à ses connaissances astronomiques, il prédit aux sauvages une éclipse totale de lune, et il leur tint ce langage : « Le Dieu que j'adore, pour montrer combien il est irrité contre vous, vous donnera, cette nuit même, dans les cieux, un signe visible de sa colère : vous verrez la lune se couvrir d'une ombre épaisse. » A cette prédiction, faite d'un ton solennel, les uns prirent l'alarme, les autres eurent l'air de s'en moquer ; mais tous attendirent la nuit dans une visible inquiétude. Dès qu'ils aperçurent l'ombre s'avancer lentement sur le disque resplendissant de la lune, ils se mirent à trembler ; et, lorsque la nature entière parut couverte d'un voile mystérieux, leur terreur fut extrême.

Poussant des cris lamentables, ils apportèrent toutes leurs provisions et se jetèrent aux pieds de l'Amiral en le suppliant d'intercéder auprès de son Dieu pour obtenir l'éloignement des malheurs qui les menaçaient. L'Amiral leur répondit gravement qu'il allait se retirer pour s'entretenir avec la Divinité. S'enfermant, alors, dans sa cabine, il y resta pendant toute la durée de l'éclipse, à l'abri des hurlements et des supplications des sauvages. Au moment où l'éclipse disparaissait, il sortit de sa retraite et annonça aux indigènes que, par son intercession, Dieu avait exaucé leur prière; et, lors qu'ils virent l'astre de la nuit reprendre toute sa splendeur, ils traitèrent l'Amiral comme un être divin, et s'empressèrent de se le rendre propice par des offrandes de toute espèce.

Dès ce moment, les provisions affluèrent et les Espagnols n'eurent plus à craindre la famine. L'Amiral songea, ensuite, à rappeler les rebelles, qui, par leurs déprédations, provoquaient de terribles représailles de la part des naturels. Il leur promit amnistie complète; mais ils refusaient de se rendre, et ils ne se soumirent qu'une fois leur chef, Francisco Porras, fait prisonnier par l'adelantado, dans un combat sanglant.

Le gouverneur Ovando était un administrateur cruel et sanguinaire. Lorsque l'Amiral vit les indigènes presque tous disparus d'Hispaniola à la suite des excès de ce digne successeur de Bobadilla, il ne put contenir son indignation, et s'en expliqua franchement dans une lettre adressée au roi dans laquelle il dit : « Les Indiens d'Hispaniola étaient et sont encore la véritable richesse de l'île ; ce sont eux qui cultivent la terre et préparent le pain pour les chrétiens, qui creusent les mines d'or, et qui supportent toutes les fatigues, travaillant, tout à la fois, et comme des hommes, et comme des bêtes de somme. Depuis que j'ai quitté l'île, il est mort les cinq sixièmes des naturels, tous par suite de traitements barbares ou d'une froide inhumanité : les uns par l'épée, d'autres sous les coups, un grand nombre de faim ; la plus grande partie ont péri dans les montagnes et dans les cavernes où ils s'étaient retirés, faute de pouvoir supporter les travaux qu'on leur avait imposés. »

Grâce aux soins de Diego Mendez, l'Amiral quitta, le 28 juin 1505, le navire naufragé, et, après un court séjour à Santo-Domingo, il mit à la voile pour l'Espagne. Il entra, tout malade, le 7 novembre, dans le port de

San-Lucar, et se fit conduire à Séville pour y rétablir une santé affaiblie par l'âge et par tant de dures épreuves. Il s'adressa de nouveau au roi et à la reine afin d'obtenir la restitution de ce qui lui était dû; mais il n'en reçut que des réponses vagues. Sur ces entrefaites, la reine Isabelle vint à mourir. L'Amiral apprit cette fatale nouvelle au moment où il écrivait à son fils Diego ; et, dans cette lettre, il consacre à la mémoire de sa bienfaitrice ces paroles d'une touchante piété :
« La première chose est de recommander à Dieu affectueusement l'âme de la reine : elle fut toujours prête à tout pour le service de Dieu ; nous pouvons être assurés qu'elle est reçue dans sa gloire, et placée à l'abri des soucis et des tribulations de ce monde. »

Désormais les appels de l'Amiral à la justice du roi n'eurent plus d'écho à la cour. Une dernière lueur d'espoir ranima cependant son courage : la fille d'Isabelle, la princesse Juana, arrivait de Flandre pour prendre possession du trône de Castille. Retenu sur son lit de douleur, il chargea son frère de plaider sa cause auprès de la nouvelle reine. Après le départ de Barthélemy, un rhumatisme qu'il avait gagné dans ses voyages redoubla de violence; et, quoique brisé au physique et au moral, il eut encore la force d'écrire un codicille par lequel il transmettait à son fils Diego ses dernières volontés, en l'instituant son héritier universel.

Le lendemain, 20 mai 1506, jour de l'Ascension, vers midi, à Valladolid, dans une chambre d'auberge, don Christophe Colomb, grand amiral de l'Océan, vice-roi des Indes, entouré de ses deux fils et assisté des religieux franciscains, rendait son âme à Dieu.

Son corps même ne fut pas laissé en repos. Déposé dans le couvent des franciscains de Séville on le transféra, sept ans après, au monastère des chartreux de la même ville, et, en 1536, on le transporta à Hispaniola, dans la cathédrale de la ville de Santo-Domingo ; puis, exhumé de nouveau, pour la dernière fois, on le déposa à La Havane, capitale de l'île de Cuba.

CHAPITRE DEUXIÈME.

I

Christophe Colomb apprit, de bonne heure, à lire et à écrire. A l'âge de quatorze ans, il possédait des notions de latin, de dessin, de géométrie, d'astronomie et de géographie. C'était beaucoup pour un enfant, et pour un fils de plébéien. Fils de Dominique, ouvrier tisserand, et de Susanna Fontanarossa, la fortune ne vint pas lui sourire dans son berceau ; mais son énergie et sa violente volonté, ces qualités brillantes dont il donna plus tard des preuves si éclatantes, se manifestèrent dès son jeune âge. Pendant que ses petits camarades faisaient retentir de leurs joyeux ébats la rue del Filo, Christophe se promenait, seul, au bord de la mer, aspirant à pleins poumons la brise vivifiante, et rêvant aux voyages lointains, dans des pays inconnus que sa splendide imagination peuplait d'êtres fantastiques et de choses merveilleuses. Un jour, il avait alors seize ans, il trouva, chez un ami de son père, une nouvelle carte du globe dressée par le savant géomètre italien Paul Toscanelli, avec lequel il devait correspondre quelques années plus tard. Sur cette carte, il vit le grand océan indiqué par ces mots terribles : « *Mare Tenebrosum* » entourés d'une ombre épaisse et d'une file compacte et effrayante d'animaux mythologiques. Il venait justement de lire un conte indien dans lequel un prince tuait un serpent à cent têtes qui ravageait toute une contrée ; ce fait valeureux le rassura : il se dit que, s'il existait des monstres dans cette mer qu'aucun navigateur n'osait franchir, ce n'était pas une raison suffisante pour faire reculer un compatriote de Sambucuccio, des della Rocca et de tant d'autres héros. Dès ce moment, il fut attiré par une réelle inclination vers le métier périlleux de marin. En 1501, alors âgé de soixante-six ans, il écrivait au roi Ferdinand : « Depuis mon enfance, je navigue, et j'ai continué à courir les mers jusqu'à ce jour ; c'est l'art que doivent suivre ceux qui veulent connaître les secrets de ce monde. La nautique m'occupa beaucoup ; l'astronomie, la géométrie et l'arithmétique ne me furent pas non plus étrangères. J'ai la main assez exercée, et assez de savoir pour dessiner le globe terrestre, avec la position des villes, des montagnes, des fleuves, des îles, et de tous les ports qui s'y trouvent. Tout jeune encore, j'ai étudié les livres de cosmographie, d'histoire, de philosophie et d'autres sciences ; c'est ce qui m'a aidé dans mon entreprise. »

II

Parmi les hommes dont l'histoire a conservé le souvenir, les uns ont illustré leur patrie et l'ont rendue glorieuse par leurs victoires et par leurs conquêtes ; les autres par leur génie ou par leurs découvertes, ont servi l'humanité entière, et, à travers les siècles, les peuples reconnaissants bénissent leurs noms et s'enorgueillissent de leur renommée. On admire les premiers, bien des fois sans les estimer ; on aime et on vénère toujours les derniers.

Colomb est du nombre de ces grands hommes dont l'univers aime à proclamer la gloire. La puissance de son génie réside bien moins dans le fait de la découverte du nouveau monde, qui lui a été révélé par sa science et par son intelligence, que dans l'énergie, la patience, le courage et l'abnégation dont il a donné des preuves nombreuses durant plus de trente ans. Il sut vaincre les préjugés de la science, l'ignorance de ses contemporains, et l'implacable fatalité ; la pauvreté, la maladie, les tortures morales et les souffrances physiques ne parvinrent pas à ébranler ce vigoureux tempérament, cette âme d'élite. Colomb était de ces hommes plus grands que nature que la Providence semble choisir pour l'accomplissement de ses vastes desseins !

III

De même que jadis plusieurs villes de la Grèce s'étaient disputées le berceau d'Homère, plusieurs villes italiennes se disputèrent le berceau de Colomb. Gênes avait repoussé les offres du grand navigateur, elle ne fit rien pour empêcher le florentin Améric Vespuce de léguer son nom au nouveau monde et, malgré cela, elle laissait ses historiens officiels lui délivrer un acte de naissance que la postérité crut être authentique. Et, pendant que les savants de Gênes, de Savone et de Plaisance, fouillaient leurs archives dans le but de connaître son pays, sa patrie subissait le joug de l'odieuse république Ligurienne. La Corse, seule, ne réclamait pas son légitime enfant ; ses tourments lui faisaient oublier ce fils qui avait souffert pour elle, qui avait caché le lieu de sa naissance, qui s'était déclaré Génois afin d'obtenir plus aisément l'appui des divers gouvernements pour l'œuvre colossale qui tourmentait son cerveau, et qui agitait ses nuits : la découverte de terres ignorées où il trouverait, en même temps que des peuples à civiliser, l'or nécessaire à la délivrance du Saint-Sépulcre et à l'affranchissement de sa patrie. Il ambitionnait d'être, tout à la fois, et Saint Augustin et Sambucuccio, l'apôtre du christianisme et le libérateur de la Corse. Un sort fatal l'empêcha d'accomplir son beau et noble rêve. On peut vaincre les hommes, jamais le destin.

IV

Colomb était d'une taille au-dessus de la moyenne, il avait le visage allongé, le front large et le nez aquilin ; signes d'intelligence et d'énergie ; les yeux gris, les cheveux roux dans sa jeunesse et blancs dès l'âge de

40 ans. La fatigue cérébrale use plus que la fatigue corporelle : alors que l'homme conserve ses qualités intellectuelles dans toute leur plénitude, son corps s'effondre sous les tortures morales. Colomb, à 40 ans, en paraissait soixante. Noble dans ses manières, simple et affable avec ses inférieurs, il possédait toutes les qualités du vrai marin sans en avoir les défauts. Bon et calme comme la mer aux jours de beau temps, avec ceux qui lui témoignaient de l'affection, il devenait terrible comme la tempête avec les méchants. Ses compagnons de souffrances et de gloire reconnurent toujours, en lui, un père plutôt qu'un chef ; aussi, même dans les plus mauvais jours, gardèrent-ils un grand respect pour sa personne. Il avait la parole facile et imagée et l'élégance naturelle de son maintien ajoutait de l'autorité à ses discours. Sa maison fut toujours ouverte aux étrangers, qu'il charmait par ses manières distinguées, par la variété de ses connaissances, et par la profondeur de ses jugements. Autant il s'efforçait de se montrer supérieur avec les grands, autant il se faisait affectueux et modeste avec les humbles. Il n'avait pas oublié les mœurs simples de la Corse, et, alors que ses compa-

gnons s'adonnaient au luxe et aux plaisirs, il portait les habits les plus communs, se nourrissait des mets les plus ordinaires, et lisait les *Lois de Cicéron* et la *République de Platon*, dans l'intention d'instituer au nouveau monde un gouvernement calqué sur les bases établies par ces deux grands philosophes. Ceux qui lui ont reproché d'avoir fait preuve de mercantilisme se sont trompés, ou l'ont jugé d'après leurs propres instincts, car il ne considérait les richesses que comme moyens d'influence politique nécessaire à l'accomplissement des vastes projets qu'il avait conçus. Le refus qu'il fit d'une immense propriété, que le roi Ferdinand voulait lui donner à Hispaniola avec le titre de duc, suffirait pour prouver son désintéressement. « Je tiens à ce qui concerne mon rang d'amiral, disait-il en 1505 ; quant au reste, Votre Altesse gardera, ou me rendra ce qui lui paraîtra convenable à ses propres intérêts. » Colomb, comme tous les Corses, était ennemi de la fortune pour lui-même, mais il était ami de la gloire. Tel est le grand caractère que nous avons essayé de peindre le plus fidèlement possible. A de tels hommes, il faudrait un Plutarque. Malheureusement, les Plutarque sont aussi rares que les

Christophe Colomb. En terminant, nous nous faisons un devoir de témoigner notre reconnaissance au modeste savant qui nous a révélé la patrie de Colomb. Nous souhaitons vivement que l'on inscrive en lettres d'or, sur le piédestal de la statue du grand navigateur, le nom de l'abbé Casanova, qui a ajouté un héros au *Livre d'Or* de la Corse. Ce serait un juste tribut de reconnaissance envers notre compatriote !...

L'Héroïne de Domrémy

Jeanne Darc sur le bûcher.

I

> Non, non, l'ennemi n'aura pas notre belle France....
> Dussé-je voir son triomphe et promener mon âme errante à travers les ruines entassées par ses haines impies, les souvenirs du passé, l'image bénie de Jeanne, viendraient consoler ma douleur et je m'écrierais avec le psalmiste: *In te domine speravi non confundar in æternum.*
>
> (P. Monsabré, *Panégyr.*)

Au commencement du quinzième siècle, il n'y avait réellement plus de royaume de France du moins pour les Français. A un roi sage, avait succédé un roi fou, qui n'était roi que de nom; aussi malheureux en femme qu'en esprit. Charles VI avait épousé Isabeau de Bavière, cette fille des Théodora et des Messaline par la beauté et par la corruption. Cette princesse, aussi vicieuse qu'ambitieuse, affligée d'un époux idiot, et livrée aux plaisirs effrénés d'une cour dissolue, ressentit une passion coupable pour le jeune duc d'Orléans, frère du roi. Le duc de Bourgogne, Jean-sans-Peur, qui convoitait le pouvoir, fait assassiner le favori d'Isabeau, et la guerre civile éclate entre les Armagnacs, ayant pour chef le connétable d'Armagnac, beau-père du duc d'Orléans assassiné, et les Bourguignons vassaux de Jean-sans-Peur. Tour à tour, les Armagnacs et les Bourguignons dominent la reine et sont maîtres du pouvoir. On ne voit que proscriptions et massacres ; la vengeance devient une institution d'état ; le poignard et le sang sont les emblèmes de cette royauté éphémère. Les Français, ainsi livrés à l'anarchie, succombent à la sanglante bataille d'Azincourt qui livre la patrie à Henri V roi d'Angleterre, sur les cadavres de sept princes du sang et de l'élite de la noblesse française.

Tous ces ducs de Bourgogne, d'Orléans, d'Anjou, de Bretagne, qui s'entredévorent par ambition et par jalousie, ont perdu l'habitude de vaincre les étrangers. Leurs épées, teintes du sang de leurs frères, ne peuvent se retremper que dans le crime. Jean-sans-Peur convié à une entrevue de réconciliation générale des partis, reçoit sur le pont de Montereau, l'absolution de l'assassinat du duc d'Orléans. La hache de Tanneguy du Châtel enlève, avec la vie du noble duc, le dernier espoir de paix entre les princes.

C'est au milieu de cette cour dépravée, de ces luttes intestines, de ces assassinats, que grandit le dauphin Charles, faible d'esprit et de corps, qui a survécu à ses deux frères encore plus chétifs que lui. Fils d'un fou et d'une prostituée hystérique, élevé dans une cour qui n'avait rien à envier à celle des Borgia, son esprit devait naturellement se ressentir des tableaux de sang et de luxure qu'il avait sans cesse sous les yeux. Charles VII fut un de ces rois sans énergie, sans vertu, sans talent, comme nous en a donné trop souvent la monarchie du droit divin, cette institution qui a fait monter sur le trône quelques grands rois et un plus grand nombre de rois fainéants, fous ou débauchés.

Les Anglais sont maîtres de la moitié du royaume. Isabeau, après s'être donnée aux Bourguignons, se vend au duc de Bedford, et fait cadeau de sa fille à Henri V, roi d'Angleterre et de France, comme don de joyeux avènement. On vit alors, en France, deux rois, deux armées, deux religions, deux justices, deux peuples. Le pillage, la dévastation, le viol ; les villes brûlées, les populations massacrées ; tel fut l'état de la patrie durant sept ans, de 1422 à 1429.

Pendant ce temps, alors que la France agonisait, le bon dauphin Charles, roucoulait des refrains d'amour dans son château de Loches, auprès de la belle Agnès Sorel. En vain sa maîtresse, honteuse, pour lui et pour elle-même, de ce titre dérisoire de roi de Bourges que les Anglais lui avaient décerné, enflammait-elle son cœur dans l'intention de réveiller son ambition et son amour-propre; l'amour, qui aurait dû le passionner pour la gloire, lui faisait, au contraire, oublier ses devoirs de prince, le sacrifiait tout entier à la mollesse et aux plaisirs.

Le peuple ainsi abandonné par son souverain, mis à la merci des brigandages des bandes ennemies, demandait au Ciel un sauveur. Il attendait avec espoir le secours providentiel promis par l'enchanteur Merlin, un de ces devins populaires en lesquels le peuple des campagnes a toujours eu grande confiance. Merlin avait prédit qu'une femme perdrait la France et qu'une pucelle la sauverait. Une femme, une reine, venait de livrer le royaume. Où était la vierge qui devait l'affranchir ?

II

Dans un riant vallon arrosé par la Meuse, entre Neufchâteau et Vaucouleurs, se trouve le village de Domrémy, jadis domaine de l'église Saint-Rémy de Reims. Domrémy était Armagnac, du parti français, tandis que Maxey, village voisin, était Bourguignon, du parti anglais. Les fréquentes agressions des bandes bourguignonnes, les désastres qu'elles laissaient derrière elles, n'avaient pu ébranler la fidélité des habitants de Domrémy. Les populations des pays frontières qui sont sujettes les premières aux incursions ennemies, ont toujours été animées d'un ardent patriotisme. De même que l'amour de la patrie se manifeste d'une façon plus intense chez ceux qui sont éloignés de leur pays natal, de même, il est plus fort, plus exalté, aux pays d'avant-postes comme celui des Vosges.

En 1428, vivait dans ce village de Domrémy, une famille de paysans composée du père, de la mère, de deux fils et d'une fille. Le père s'appelait Jacques Darc (1); la mère

---

(1). Voir *Appendice* à la fin du volume.

Isabelle Romée ; les deux fils Jacques et Pierre ; la fille Jeanne. Le père de famille était un simple laboureur n'ayant pour toute fortune qu'un champ, une charrue, quelque bétail et une maisonnette située entre l'église et le cimetière du village. Les fils aidaient leur père à cultiver la terre ; la mère restait au logis avec sa fille et s'occupait du ménage.

Isabelle Romée ne savait ni lire ni écrire, mais elle excellait dans l'art de la couture et dans tous les travaux domestiques. Elle ne put donner à sa fille les éléments d'instruction qu'elle avait toujours ignorés elle-même ; mais elle lui apprit à filer et à coudre, si bien, qu'aucune matrone de Rouen n'aurait pu rien lui remontrer de plus de ce métier ; elle lui enseigna la vertu, non pas en des sermons sentencieux, ainsi que le font, de nos jours, beaucoup de mères ; mais en des histoires naïves comme l'âme de la jeune fille. Cette éducation, fortifiée par l'amour maternel, est la meilleure de toutes pour les jeunes filles. L'esprit y perd, mais le cœur y gagne. Jeanne Darc savante n'aurait plus été Jeanne Darc libératrice de la France. Les rêves que son esprit impressionnable, religieux et romanesque, transformait en apparitions célestes, n'auraient pas troublé sa quiétude si la science lui avait versé, avec ses incontestables bienfaits, le poison du scepticisme.

Gracieuse de visage, elle croissait leste et forte de ses membres. « Aucune fille de son âge et de sa condition, disait Haumette la compagne bien aimée de son enfance, n'était tenue plus amoureusement dans la maison de ses parents. Que de fois j'allai chez son père ! Jeanne était une fille simple et douce. Elle aimait l'église et les pèlerinages. Elle s'occupait du ménage comme les autres filles. Elle se confessait souvent. Elle rougissait de honte honnête quand on la raillait sur sa piété et sur ce qu'elle aimait trop à prier dans les sanctuaires. Elle était aumônière et charitable. Elle soignait les pauvres malades dans les chaumières voisines de la maison de sa mère. »

A une demi lieue de Domrémy était un grand bois de chênes appelé le bois Chesnu que l'on croyait hanté par les fées. Près de ce bois, s'élevait un hêtre séculaire et majestueux, connu sous le nom *d'arbre des fées*, qui ombrageait de ses rameaux touffus la source limpide *des Groseilliers*. Jeanne, enfant, adorait ce lieu charmant et solitaire. L'été, elle allait y cueillir des primevères et des marguerites pour tresser des couronnes à la statue de Notre-Dame de Domrémy. Avec les enfants de son âge, elle chantait et dansait autour de l'arbre des fées ; aussi son père, à l'époque où sa mission lui fut révélée, fut-il convaincu qu'elle avait pris ses inspirations sous ce hêtre merveilleux.

Dès qu'elle eut atteint l'âge de dix ans, son caractère se transforma ; sa physionomie devint mélancolique et recueillie, et tout en ayant les charmes de son sexe, elle n'en eut pas les langueurs. Elle méditait et priait sans cesse, fuyait le monde et ne se plaisait que dans la solitude, dans la campagne ou dans son jardin, d'où l'on apercevait les montagnes, les grands bois, le clocher de l'église, et le ciel où son imagination se plaisait à pénétrer en compagnie des saints et des anges ; elle aimait entendre l'harmonie grave et touchante des cloches ; elle protégeait et nourrissait les petits oiseaux et pleurait de tendre pitié lorsqu'on maltraitait les animaux devant elle. Tout ce qui dans la nature était majestueux, triste, faible ou malheureux, l'enflammait et l'attirait.

Elle voyait, bien souvent, revenir sanglants et meurtris, les jeunes garçons de sa paroisse qui bataillaient avec acharnement contre ceux de Maxey, du parti bourguignon. Elle connut, de bonne heure, par le passage des bandes ennemies dans son village, tous les maux qu'engendre la guerre. Elle sut les malheurs du dauphin, errant de ville en ville, de château en château, sans patrie, sans couronne, affligé d'un père fou et d'une mère dénaturée. L'infortune de ce jeune prince, ainsi chassé du trône de ses pères, qu'une mère infâme ne se contentait pas seulement de désespérer, mais encore qu'elle outrageait en lui reprochant un crime dont elle était seule coupable, lui fit verser des torrents de larmes. On lui avait conté cette prophétie de Merlin que chacun répétait à satiété dans les campagnes, afin de ne pas avoir à désespérer complètement du relèvement et de l'affranchissement de la patrie. Elle se dit qu'elle pourrait bien être la pucelle désignée par l'oracle ; et dès ce moment son patriotisme devint encore plus ardent que par le passé et s'accrut de jour en jour par l'inspiration et l'extase.

Un jour, en plein été, à l'heure de midi

étant seule dans le jardin de la maison paternelle, sous l'ombre du mur de l'église, elle entendit une voix qui l'appela distinctement par son nom et lui dit : « Jeanne, soit bonne et sage ; prie Dieu pour la France et pour le dauphin. » La jeune fille, les yeux voilés par la rêverie, crut voir en même temps une grande clarté descendre du ciel ; elle pensa que les voix qui partaient de son cœur et résonnaient en son esprit, venaient du ciel. Elle eut peur.

Le lendemain, au même endroit, la même voix se fit entendre : « Jeanne, lève-toi ; va au secours du dauphin, rends-lui son royaume ! »

« Comment le ferais-je, répondit-elle, en s'agenouillant, puisque je ne suis qu'une pauvre fille, et que je ne saurais ni chevaucher ni conduire des hommes d'armes ? » La voix reprit : « Tu iras trouver le sire de Baudricourt, capitaine pour le roi à Vaucouleurs, et il te fera conduire au dauphin. Ne crains rien ; sainte Catherine et sainte Marguerite te viendront en aide. »

Ces visions célestes, ces voix angéliques, rendaient Jeanne joyeuse et chagrine tout à la fois. Elle était fière d'avoir ainsi commerce avec les divines créatures, de recevoir d'aussi sublimes commandements, mais elle ne pouvait s'empêcher de pleurer sur la vie glorieuse, sans doute, mais tourmentée qu'elle allait mener. Elle redoutait la colère de son père, lorsqu'il apprendrait que sa fille se destinait à combattre avec les gens d'armes, elle qui semblait si peu faite à ce rôle que les hommes seuls ont charge de remplir.

Elle ne se trompait point. Son père, homme d'un certain âge, simple d'esprit et de mœurs, ajoutait foi aux miracles, mais il ne croyait pas sa famille digne de ces faveurs du Ciel. Il était de l'époque où les hommes du peuple avaient la conviction que Dieu n'accordait sa protection qu'aux nobles. A la noblesse, en effet, étaient échus, la fortune, la gloire et le génie ; au peuple, la misère et l'ignorance. Jacques Darc, imbu de ces préjugés, accueillit rudement les révélations de sa fille : « Si je savais que ton intention fût de partir avec les gens de guerre, lui dit-il, j'ordonnerais à tes frères de te noyer, et s'ils s'y refusaient, je le ferais de mes propres mains. »

Heureusement pour Jeanne, il y avait, dans un village voisin, un frère de son père, crédule et enthousiaste. Elle parvint à obtenir de lui qu'il la demandât à son père pour quelques jours, afin de soigner sa femme en couches ; et durant son séjour chez son oncle, elle le gagna à sa cause, et le décida à l'accompagner chez le sire de Baudricourt, capitaine de Vaucouleurs. Arrivée à Vaucouleurs, elle reçut l'hospitalité chez la femme d'un charron, cousin de sa mère. Lorsqu'elle se présenta à Baudricourt, elle lui dit : « Je viens à vous au nom de Dieu, mon Seigneur, afin que vous mandiez au dauphin de se bien tenir où il est, de ne point offrir de bataille aux ennemis en ce moment, parce que Dieu lui donnera secours dans la mi-carême. Le royaume ne lui appartient pas, mais à Dieu, son Seigneur. Toutefois il lui destine le royaume ; malgré les ennemis, il sera roi, et c'est moi qui le mènerai sacrer à Reims. »

Le capitaine fut quelque peu surpris, et il soupçonna qu'il y avait là quelque sorcellerie. Un seul homme, dans Vaucouleurs, était capable de conjurer l'esprit malin ; cet homme était tout naturellement le curé.

Mandé par Baudricourt, il vint s'assurer si l'inspirée de Domremy n'était pas ensorcelée. Après avoir répandu de l'eau bénite et prononcé quelques saintes paroles, il s'en retourna convaincu que Jeanne n'était pas possédée du démon, et qu'elle pouvait bien être envoyée par le Ciel pour sauver le royaume de France.

Le peuple, toujours prompt à s'enthousiasmer pour les choses étonnantes, aussi facile à fanatiser en religion qu'en politique, le peuple eut de suite confiance en cette jeune et jolie paysanne qui parlait au nom de Dieu. De toutes parts on venait la voir et chacun, après avoir contemplé cette jeune fille aux formes élégantes, au regard profondément magnétique, empreint de ce rayon divin qu'ont seuls les êtres destinés à de grandes choses, s'en allait répétant que c'était bien là la vierge du bois *Chesnu* dont Merlin avait annoncé la venue.

Un gentilhomme désirant éprouver Jeanne lui dit : « Eh bien ! ma mie, il faut donc que le roi soit chassé et que nous devenions Anglais. » Elle se plaignit alors des retards causés par les hésitations de Baudricourt. « Et cependant, ajouta-t-elle, il faut que je sois devers le dauphin avant la mi-carême, dussè-je pour cela, user mes jambes jusqu'aux genoux ; car personne, ni rois, ni ducs, ni capitaines, ne peuvent reprendre le royaume de France, et il n'y a pour lui de secours que moi-même, quoique j'aimasse mieux rester à filer près de ma pauvre mère, car ce n'est pas là mon ouvrage ; mais il faut que j'aille, et que je le fasse, parce que mon Seigneur le veut. — Et quel est votre Seigneur ? lui demanda le gentilhomme. — C'est Dieu !» répondit-elle.

Le sire de Baudricourt reçut enfin l'autorisation de laisser partir Jeanne à la cour. Les habitants de Vaucouleurs firent une collecte, et lui achetèrent un cheval, un costume de gentilhomme, une lance, et une cuirasse. Le capitaine lui donna une épée, une escorte de six hommes, et lui fit ses adieux en lui disant : « Va donc, Jeanne, et advienne que pourra ! » Une si grande mission entre les faibles mains d'une si jeune fille, n'était réalisable qu'avec l'intervention d'une force surnaturelle en laquelle Baudricourt n'avait pas grande confiance. Il ne soupçonnait pas que Jeanne devait rencontrer cette force dans la terreur même du peuple qui se couchait la veille en se demandant s'il ne serait pas Anglais le lendemain, et dans le découragement des soldats, qui, tant de fois battus, ne savaient plus vaincre ; l'énergie des uns et des autres était à l'agonie ; le patriotisme n'était plus qu'un mot sans espoir ; et la patrie, elle-même, n'était plus qu'une chose inerte, que des milliers d'Anglais se plaisaient à piétiner avec toute la rage que peut exciter l'union de l'ambition et de la haine !

Une simple fille des champs sauvera le royaume de France en battant les ennemis, et en faisant sacrer roi le dauphin Charles. Glorieuse et sublime vestale, Jeanne alimentera le feu sacré de l'amour de la patrie. Sous sa bannière, les capitaines les plus renommés, Dunois, La Hire, Xaintrailles, se rangeront avec respect et soumission, et les soldats, jusqu'alors découragés, accompliront des prodiges de valeur.

III

La ville de Chinon, où le dauphin Charles était réfugié, était triste et désolée comme un tombeau quand la paysanne de Domrémy y arriva. Dès que l'on apprit que la fille inspirée, celle qui conversait avec les anges et les bienheureux, était aux environs de la ville, une foule immense se porta au devant d'elle et parmi cette foule enthousiaste et curieuse, on distinguait une multitude de chevaliers, de grands seigneurs et de grandes dames, aussi avides que le peuple de voir et d'entendre Jeanne.

Beaucoup, en admirant cette jeune fille aux cheveux châtains tombant en boucles soyeuses autour de son cou, au teint de lis légèrement parsemé de roses après les émotions d'un long voyage, aux yeux doux et mélancoliques, ne purent s'empêcher d'esquisser un sourire tendrement incrédule qui paraissait vouloir dire : « Est-ce de là que doit nous venir le salut ! » Cependant ces premiers doutes, fondés sur la faiblesse et sur la candeur de Jeanne, ne tardaient pas à s'évanouir, et tous ceux qui l'approchaient, se sentaient bientôt attirés vers elle par une confiance et par un respect sans bornes. Elle commençait sa mission en s'emparant des cœurs, pour se préparer à s'emparer des villes.

Un chevalier lui dit: « Eh bien! jeune fille, vous voilà bien loin de votre belle Lorraine ! N'aurez-vous pas peur au milieu de tant de guerriers, éloignée de votre famille. Vous ne goûterez plus, ici, le repos et la paix des champs, le son mélodieux des cloches n'enchantera plus vos chastes oreilles, vous n'écouterez plus les discours naïfs de vos jeunes compagnes, les chants mélodieux des petits oiseaux ne berceront plus vos rêveries de jeune fille. Vous ne rencontrerez parmi nous que fatigues et dangers, vous n'entendrez que les jurons des soldats, le bruit terrible des combats, et les appels désespérés des mourants. Vous quittez le printemps de la vie pour entrer dans son hiver. Puisse le Ciel favoriser vos nobles desseins et amener, par votre main, la délivrance de notre chère patrie. »

Elle répondit : « Ainsi l'a voulu Messire qui m'envoie. C'est pour cela que je suis née. J'aurais mieux aimé rester à filer ma quenouille avec ma pauvre mère ; mais ce n'est pas moi qui viens, c'est lui qui me guide et qui m'a dit, par la voix de sainte Catherine : « Va-t-en trouver gentil dauphin de France ; va délivrer Orléans et faire sacrer celui qui doit être le vrai roi de France. » Me voilà !... pourquoi ne me conduit-on pas auprès de monseigneur le dauphin ?»

Le lendemain de cet entretien, le chevalier Jean d'Aulon conduisit Jeanne au château. Le dauphin avait été averti de l'arrivée de la jeune fille et, afin de n'être pas reconnu, s'était vêtu moins magnifiquement

9.

que de coutume. Lorsque Jeanne fit son entrée, plus de deux cents gentilshommes étaient réunis dans la salle du trône ; le dauphin avait cédé sa place à Dunois et s'était mêlé à un groupe de courtisans. Nullement influencée par le flamboiement des mille lumières qui illuminaient la salle, par le luxe des habits et par la magnificence des tentures et des meubles, Jeanne alla droit au roi, et, mettant un genou à terre, elle lui dit d'une voix un peu troublée par l'émotion : « Dieu vous donne bonne vie, gentil dauphin. »

« — Ce n'est pas moi, qui suis le dauphin, répondit Charles en lui montrant Dunois ; c'est celui-là. »

Sans se déconcerter, elle répliqua : « En mon Dieu, gentil prince, c'est vous et non autre ; je suis envoyée de la part de Messire, pour prêter secours à vous et au royaume; et faire la guerre aux Anglais. Je vous dis que Dieu a pitié de vous et de votre peuple ; si vous me baillez gens, je lèverai le siège d'Orléans et je vous mènerai à Reims ; car c'est le plaisir de Dieu que vos ennemis les Anglais s'en aillent en leur pays, et que le royaume vous demeure. »

Charles, en l'entendant parler ainsi, se

sentit ému, et maint chevalier qui, le matin, riait de la *petite bergerette* lui dit : « Jeanne, nous vous suivrons, et battrons avec vous les ennemis de la France. »

Cependant le dauphin avait encore des doutes ; afin de les éclaircir il fit conduire Jeanne à Poitiers, où se tenait alors le parlement. Là, elle fut examinée par les plus célèbres docteurs.

« Je ne sais ni A ni B, répondit-elle aux théologiens ; mais je viens de la part du Roi des cieux pour faire lever le siége d'Orléans et sacrer le roi à Reims. » Un docteur lui dit : « Si Dieu a résolu de sauver la France, il n'a pas besoin de gens d'armes. — Eh ! répondit-elle, je le sais, mais les gens d'armes batailleront et Dieu donnera victoire. » D'autres lui citaient des livres qui défendaient de croire aux révélations : « Cela est vrai, dit-elle, mais il y a plus de choses écrites au livre de Dieu que dans tous les livres des hommes. »

Les évêques déclarèrent que Jeanne pouvait bien être envoyée par Dieu, car la Bible était pleine d'exemples qui autorisaient une femme à combattre pour la délivrance de sa patrie.

Le 29 avril 1429, Jeanne revêtit pour la

première fois une brillante armure. On lui fit une bannière de soie blanche semée de fleurs de lis ; d'un côté était représenté Dieu assis sur un arc-en-ciel, tenant le globe du monde et ayant auprès de lui saint Michel et saint Gabriel agenouillés lui présentant chacun une branche de lis. Au-dessus du groupe céleste était écrit *Jhesus Maria*. De l'autre côté était l'écu royal de France supporté par deux anges. Elle demanda une épée. Un des grands officiers du roi lui offrit la sienne.

« Non pas la vôtre, beau sire, dit-elle ; mais celle qui est en l'église de Sainte-Catherine de Fierbois, sur laquelle cinq croix sont gravées. » Le roi donna à Jeanne un état-major tout comme à un chef d'armée. Jean d'Aulon, fut nommé son chevalier, et le jeune Louis de Contes, son page. L'un avait plus de soixante ans, l'autre dix-sept.

Jeanne était prête à accomplir la mission qu'elle disait être divine et que les chefs de l'Eglise venaient de sanctionner.

IV

Les Français virent une envoyée de Dieu dans la bergère de Vaucouleurs dont la voix réveillait leur patriotisme ; les Anglais ne voulurent reconnaître en elle qu'une sorcière ; mais elle ne leur en inspira pas moins une grande frayeur et un profond découragement, tandis qu'elle montra, à ses compatriotes, le plus noble exemple d'énergie, de vaillance et d'amour de la patrie, que l'histoire ait jamais eu à mentionner.

Les Anglais, lorsqu'ils aperçurent Jeanne Darc à la tête d'un puissant renfort impatiemment attendu par les assiégés, abandonnèrent leur camp et se retirèrent devant elle. Son costume, sa bannière, sa fière allure, sa renommée qui avait passé le détroit et retenti jusques à Londres, le bruit qui s'était rapidement propagé de sa mission toute surnaturelle, tout, contribuait à terroriser les ennemis.

Le 30 avril, elle entra triomphante dans Orléans, aux acclamations des soldats et du peuple de la ville. Dès le 4 mai, elle voulut commencer les hostilités ; et, après avoir appelé les principaux capitaines, elle conduisit les troupes à l'attaque de plusieurs forts qui furent tous emportés d'assaut. Le lendemain, Dunois vint lui apprendre que le capitaine anglais Falstaff allait apporter du secours aux assiégeants, et, sur la demande de Jeanne qui désirait savoir comment il était si bien renseigné, Dunois hésita, paraissant vouloir lui cacher le moment où Falstaff approcherait d'Orléans. Alors elle sortit de sa douceur accoutumée, et s'écria : « Bastard (1) ! bastard ! au nom de Dieu, je te commande que tantost que tu sauras la venue de Falstaff, tu me fasses incontinent avertir ; car s'il passe sans que je le sache, je te ferai oster la tête. »

« N'en doutez, dit Dunois, je vous le ferai savoir. »

Il fut convenu qu'on attaquerait avec les troupes régulières la bastille de Saint-Loup, qui commandait le cours de la Loire à l'est d'Orléans, et qu'un corps de milice se tiendrait prêt à sortir dans le cas où la garnison anglaise de la bastille de Saint-Pouair, située au nord de la ville, voudrait secourir les défenseurs de Saint-Loup. Une fois ces dispositions arrêtées, les troupes prirent quelque repos, et Jeanne en profita pour se délasser de ses fatigues et se préparer à en supporter de nouvelles. Elle était à peine endormie lorsqu'elle se réveilla en sursaut

---

(1) Dunois, fils naturel de Louis d'Orléans, fut appelé le bâtard d'Orléans.

en criant : « Debout ! debout ! aux Anglais !... Mon *conseil* m'a dit de marcher contre Falstaff, qui vient ravitailler. J'ai entendu les voix... En avant ! où sont ceux qui doivent m'armer ? Le sang de nos soldats coule par terre. En mon Dieu, est mal fait !

Pourquoi ne m'a-t-on pas éveillée plus tôt ? Nos gens ont bien à besoigner ; il y a tant de blessés !.. Mes armes, et amenez-moi mon cheval ! »

Son écuyer Jean d'Aulon voulut l'armer, mais, dans son impatience, elle descendit en courant l'escalier de la maison où elle logeait et trouvant son page qui causait avec une femme sur le seuil de la porte, elle lui cria : « Ah ! méchant garçon, vous ne me disiez pas que le sang de France fût répandu ! » Et elle lui ordonna de lui amener vivement son cheval, puis elle remonta avec précipitation dans sa chambre ; son regard était en feu, son visage animé, sa poitrine haletante : d'Aulon l'arma. « Mon étendard, dit-elle, mon étendard, allez le quérir. » Et, pendant que le jeune Louis de Contes montait le chercher, Jeanne s'était élancée sur son coursier ; ne voulant pas perdre un moment, elle cria à son page de lui jeter son étendard par la croisée. On vit le feu jaillir du pavé sous le pas du cheval que Jeanne mit au galop vers la porte de Bourgogne qu'elle n'avait jamais vue, avec autant d'assurance que si elle eût connu le chemin.

A la porte de Bourgogne il y avait un grand nombre de Français dangereusement blessés. « Jamais, dit Jeanne, avec un accent douloureux, jamais je n'ai vu de sang français sans que mes cheveux ne se dressassent. »

Les défenseurs de la bastille Saint-Loup avaient pour chef Thomas Guerrard, capitaine de Montereau, homme énergique et courageux. Il avait vigoureusement repoussé les assaillants et les tenait en échec, mais l'arrivée de Jeanne redoubla leur ardeur. Talbot qui commandait Saint-Pouair quitta sa bastille avec ses troupes, après l'attaque de Saint-Loup, afin de prendre les Français entre deux feux, mais, alors, le reste des troupes royales et la milice orléanaise sortirent à leur tour, et se rangèrent en bataille en travers de la route que le chef anglais devait suivre. Talbot, jugeant qu'il était imprudent, dans ces conditions, de risquer la bataille, battit en retraite. La bastille de Saint-Loup était en flammes et celle de Saint-Pouair n'avait plus aucun ennemi dans ses murs.

Après trois jours de combats opiniâtres, Jeanne, ayant été blessée à l'épaule par une flèche qu'elle arracha elle-même, ce qui ne l'empêcha pas de reparaître presque aussitôt au plus fort de la mêlée, Jeanne étonna les plus vieux et les plus intrépides soldats par son courage et son sang-froid. Les Anglais abandonnèrent leurs dernières positions et s'enfuirent devant l'épée victorieuse de l'héroïne de Domremy, surnommée, depuis ce jour mémorable, la *Pucelle d'Orléans*.

La levée du siège d'Orléans fut un immense succès ; aux yeux du peuple, cette victoire brillait comme un miracle, et pour les chefs de l'armée, Jeanne était un capitaine expérimenté. « Dieu l'inspire, écoutons-la, » disaient-ils. « Dieu la conduit, suivons-la, » disaient les soldats.

« Je suis venue pour délivrer Orléans, s'était écriée Jeanne en arrivant à Chinon, et pour faire sacrer le roi à Reims. » Une partie de sa mission était remplie. Avant de se faire sacrer, Charles et ses conseillers voulaient que les Anglais fussent chassés des bords de la Loire. Jeanne, selon le désir du roi, marcha avec le duc d'Alençon contre les Anglais, qui, après s'être vu enlever les places fortes de Jargeau, Mehun et Beaugency, étaient allés planter leurs tentes et leur drapeau humilié dans la plaine de Patay.

Un puissant renfort avait rejoint l'armée française au bruit des succès de la Pucelle ; le vieux connétable de Richemont avait tressailli dans sa retraite de Parthenay, avait repris ses armes, et avait dit à Jeanne : « Jeanne, je ne sais si vous êtes ici de par Dieu ou de par le diable ; si vous êtes de par Dieu, je ne vous crains en rien, car Dieu sait mon vouloir ; si vous êtes de par le diable, je vous crains moins encore, et faites du mieux ou du pire que vous pourrez. »

Les Anglais semblaient attendre la Pucelle de pied ferme, et paraissaient vouloir prendre la revanche de leur défaite devant Orléans. Les guerriers français hésitaient à les attaquer ainsi en rase campagne. Le duc d'Alençon s'approcha de Jeanne et lui dit :

« Jeanne, les ennemis sont nombreux, ils font bonne contenance ; les attaquerons-nous ?

« Avez-vous vos éperons, gentil duc ? répondit-elle.

« Comme dà, s'écria le duc étonné, nous faudra-t-il reculer et fuir ?

« Nenny, nenny; en nom de Dieu, allez sur eux bien vite, car ils s'enfuiront et seront déconfits, sans guère de perte de nos gens, et pour ce, vous serviront vos éperons pour les suivre. En nom de Dieu, combattons sans délai les Anglais, fussent-ils pendus aux nues. » Prenant alors son étendard fleurdelisé, elle marcha à l'ennemi. En allant à la rencontre des Anglais, ses yeux habituellement doux, étincelaient comme des éclairs. L'agneau devenait lion. Deux mille ennemis tués, Talbot fait prisonnier sur le champ de bataille de Patay, consommèrent les désastres des Anglais qui abandonnèrent bientôt la plupart des villes qu'ils occupaient au cœur du royaume : Auxerre, Châlons, Troyes.

Le 16 juillet 1429, les portes de Reims s'ouvrirent à l'héritier des rois de France et dès le lendemain, l'héroïne de Domrémy, placée près des marches de l'autel de la cathédrale, tenant en main la bannière qu'elle n'avait jamais quittée, voyait, avec des larmes de joie, couler l'huile consacrée sur le front de son roi. Tous les Français rassemblés sous les voûtes de la basilique, tous les guerriers restés dévoués à Charles dans son infortune, acclamèrent le jeune souverain avec des transports d'allégresse. Jeanne Darc entourée des plus grands capitaines : les Dunois, les La Hire, les Xaintrailles, les d'Alençon, les Boussac, les Chabannes et d'une multitude de chevaliers de grand renom, qui répandaient sur cette solennité, l'éclat de leur génie et de leur vaillante fidélité, Jeanne Darc la Pucelle d'Orléans, personnifiait l'ange tutélaire de la France, et donnait à cette cérémonie un caractère presque divin de grandeur et de majesté. Lorsque Charles se leva de dessus son coussin de velours fleurdelisé, lorsque la couronne royale lui fut mise au front, Jeanne, déposant sa bannière, vint tomber à ses genoux, et lui dit en pleurant à chaudes larmes : « Gentil roy, ores est exécuté le plaisir de Dieu, qui voulait que vous vinssiez à Rheims recevoir votre digne sacre, en montrant que vous estes vray roy, et celui auquel le royaume doit appartenir. »

Orléans délivrée, le dauphin sacré, la mission de Jeanne était accomplie. Elle demanda à Charles VII la permission de retourner à Domrémy pour consoler ses vieux parents; mais le roi ne voulut pas consentir à son départ. Elle resta, mais dès ce moment, elle n'eut plus autant de confiance en sa force et pensa que le pouvoir divin dont elle se croyait investie, l'abandonnerait désormais. L'amour du foyer, la soif des jouissances paisibles de la famille, venant après les fatigues morales et physiques subies par l'âme et par le corps de cette jeune fille élevée dans le calme et la solitude, à l'abri des chagrins et des émotions, mirent un frein à son ardeur patriotique et à son courage. Cet enthousiasme, à l'aide duquel elle avait remporté de si nombreuses et si prodigieuses victoires, était éteint ; et elle répétait sans cesse : « Ma fortune s'en va ; je ne durerai guère au delà d'un an ; il faut tâcher de bien employer cette année là. »

V

Cependant les villes de Picardie se soumirent dès qu'elle parut, la Normandie s'émut à son approche, Saint-Denis lui ouvrit ses portes, et, le 29 août, Charles VII se présenta devant les murs de Paris. Jeanne livra l'assaut sur-le-champ, mais elle fut mal secondée ; blessée grièvement aux deux cuisses, elle se montra moins sensible à la souffrance qu'à la perte de sa bonne épée de

Sainte-Catherine de Fierbois, qui se brisa dans ses mains. La Trémouille profita de cet échec pour ramener le roi de l'autre côté de la Loire ; et le duc de Bourgogne vint rejoindre le duc de Bedford dans Paris.

Lorsque Jeanne vit partir l'armée elle résolut de retourner à son village ; mais le sire d'Albret obtint qu'elle vint à l'attaque de Saint-Pierre-le-Moûtier, et il ne dut son succès qu'à la Pucelle qui, après avoir vaincu en combattant corps à corps avec un chevalier bourguignon, se jeta dans Compiègne qu'assiégeait le duc de Bourgogne. Là, elle fit encore des prodiges de valeur ; mais dans une sortie, ayant été repoussée et séparée de son écuyer et de son page par les Anglais qui se ruaient sur elle comme des tigres, elle arriva la dernière au pont-levis qui se leva et lui ferma le passage. Lionel, bâtard de Vendôme, la fit prisonnière. Il eût été préférable qu'il n'y eût eu que du sang anglais dans les veines de l'homme qui mit la main sur la vierge de Domrémy.

Quand cette nouvelle parvint à Paris, le duc de Belford y fit chanter un *Te Deum* en l'honneur du plus glorieux fait d'armes de l'histoire anglaise : de la prise de la Pucelle par un chevalier bourguignon. Un mois après, pour comble d'infamie et de honte, le duc de Bourgogne permit à Jean de Luxembourg de vendre sa captive aux Anglais moyennant dix mille francs. Quel bon marché pour leur rancune ! et combien leur haine séculaire devait être satisfaite !

Le désespoir de l'armée française, en apprenant la capture de l'héroïne, fut immense. On crut la France retombée aux mains des Anglais, et, certes, la douleur n'aurait pas été plus grande, l'abattement plus complet.

Le chevalier d'Aulon, l'écuyer de Jeanne, se rendit au camp des ennemis pour offrir la rançon de celle qu'il n'avait pu sauver de leurs mains. Il s'adressa au chef de l'armée anglaise, lui dit son nom, le serment qu'il avait fait de ne jamais abandonner la Pucelle et son désir de la voir mettre en liberté en échange des prisonniers anglais et d'une forte somme. Pour toute réponse, l'Anglais, après l'avoir écouté tranquillement fit signe à plusieurs soldats et dit à d'Aulon : « Tes vœux seront exaucés, du moins en partie : soldats, mettez-lui des fers, et qu'il ne voie jamais la sorcière maudite, si ce n'est au moment où nous la rendrons au diable qui l'a envoyée. » Le valeureux chevalier, en entendant de tels blasphèmes, entra dans une grande fureur et tira son épée pour punir le lâche qui insultait ainsi la sainte de la France ; mais il fut bientôt désarmé et jeté dans un noir cachot, si profond qu'il ne pouvait espérer d'en sortir. Heureusement pour lui, le soldat qui le gardait était un de ces Français que l'or anglais avait achetés mais dont une partie du cœur n'était pas vendue et, là, il y avait de l'admiration et de l'amour pour la glorieuse Pucelle. D'Aulon devina, à la manière dont le soldat le questionna, qu'il était plutôt disposé à la vénérer comme une sainte qu'à la voir brûler comme une sorcière. Il lui proposa de déserter la cause de ce peuple infâme qui allait se couvrir d'une honte éternelle par le meurtre d'une héroïne, et il le fit si éloquemment et si chaleureusement, qu'une fois la ronde de minuit passée, le soldat lui dit : « Partons ; nous la sauverons peut-être. » En disant ces mots, il se pencha sur la paille du cachot, lima les fers du chevalier et tous deux s'échappèrent de la prison déguisés en pèlerins.

VI

Jeanne avait été conduite à Rouen, emprisonnée et enchaînée. Les Anglais la gardaient avec soin, voulant se venger sur elle de toutes leurs humiliations et de toutes leurs défaites. Ne pouvant lui reprocher d'avoir mené les Français à la victoire, ils l'accusèrent de sorcellerie. L'infâme évêque de Beauvais, dont les largesses anglaises avaient souillé l'âme et acheté la conscience, fut l'instrument de cette trame ténébreuse et scélérate ourdie contre la noble fille.

Odieux inquisiteur, il chercha, du haut de son tribunal, à la convaincre d'hérésie, de blasphème et de superstition :

« — Disiez-vous point aux gens d'armes du roi qu'en suivant votre étendard ils auraient bonheur ?

« — Je leur disais : entrez avec lui parmi les Anglais, et j'y entrais moi-même.

« — Qu'aimiez-vous mieux : votre étendard ou votre épée ?

« — Beaucoup plus mon étendard ; je le portais moi-même quand je marchais aux ennemis, pour éviter de tuer quelqu'un ; onc n'ai aimé à répandre le sang.

« — L'espoir de la victoire était-il fondé sur vous ou sur votre étendard ?

« — Sur Notre-Seigneur Dieu.

« — Pourquoi votre étendard fut-il porté au sacre en l'église de Reims plutôt que ceux des autres capitaines ?

« — Il avait été à la peine, c'était bien raison qu'il fût à l'honneur..

« — Dieu hait-il les Anglais ?

« — Religieusement parlant, je ne sais rien ; mais je sais bien qu'ils seront tous boutés hors de France, hors ceux qui y mourront.

« — Dieu ne vous a-t-il point failli pour le bien de votre âme ?

« — Comment m'aurait-il failli, puisque j'espère en lui, puisqu'il me conforte tous les jours dans ma prison.

« — Les voix que vous prétendiez entendre dans votre village, les entendez-vous depuis que vous êtes prisonnière ?

« — Oui.

« — Que vous disent-elles maintenant ?

« — Que j'ai bien rempli ma mission. »

Et, certes, elle avait bien raison ; *ses voix* ne la trompaient pas : sa *mission* avait été bien remplie, et elle avait bien mérité de la patrie. Les Anglais, repoussés de toutes parts, le roi Charles VII sacré à Reims, les Bourguignons soumis à la couronne de France, le courage et l'espoir rendus aux armées, la victoire et l'honneur au drapeau. Voilà l'œuvre de Jeanne Darc, la paysanne de Domrémy, en l'espace d'une année.

Les Anglais lui élevèrent un bûcher et pour rendre la population de Rouen indifférente à son sort, ils la condamnèrent comme *devineresse de diables et blasphémeresse de Dieu, pour s'estre vestue en habits d'homme, chose à Dieu abominable.*

La Pucelle entendit son arrêt sans changer de visage ; elle leva les yeux au ciel et dit : Jésus, Marie ! et fit le signe de la croix. Les Anglais, impatients de sa mort, trouvèrent sa prière trop longue, et, voyant que le prêtre lui parlait encore de Dieu, ils lui crièrent : « Comment ! prêtre, nous ferez-vous dîner ici ? »

Elle descendit de l'estrade des juges pour se rendre au bûcher accompagnée de son confesseur. On lia ses mains si souvent victorieuses et l'on attacha son chaste et gracieux corps contre le poteau du martyre.

Lorsque la flamme commença à pétiller au bas du bûcher, Jeanne dit au prêtre : « Mon père, descendez, vous ne devez pas mourir ; allez, mettez-vous en face de moi, et montrez-moi de loin le crucifix pour que je ne défaille pas. »

Et puis, on n'entendit plus que le pétillement des flammes et les exclamations joyeuses de quelques Anglais. Un d'entre eux s'avança vers le bûcher ; il avait fait serment d'apporter un fagot pour brûler la sorcière. Au moment où il le jetait dans les flammes, Jeanne Darc jeta son dernier cri : Jésus ! sa tête s'inclina sur son épaule, et l'Anglais crut voir l'âme de la Pucelle s'envoler vers les cieux sous la forme d'une blanche colombe. Il se repentit de son action, et déclara que Jeanne était une sainte, et lui un grand pécheur.

Le jour même de l'exécution, les Anglais craignant sans doute que ses cendres ne fissent germer et accroître en France la haine contre leur race, les jetèrent dans la Seine.

Ainsi périt Jeanne Darc, la sainte de la France, l'héroïne du patriotisme, l'image de la patrie victorieuse, martyrisée et divinisée par l'enthousiasme et la reconnaissance ; gloire pour la France, pour cette belle Lorraine où elle vit le jour, honte pour le prince ingrat, indifférent et lâche, lequel laissa brûler celle qui l'avait fait roi et l'avait rendu glorieux en lui montrant le chemin de la victoire; pour le peuple, dont la voix est parfois si terrible et le bras si fort, qui contempla sans s'émouvoir le supplice de celle qui l'avait délivré du joug des Anglais; pour ceux du clergé français qui se mirent au service des ennemis et couvrirent de leur autorité morale le plus grand crime que l'histoire ait jamais eu à relater; honte enfin pour l'Angleterre qui inaugura, par le supplice de la Pucelle, la série des crimes odieux inscrits, dans son histoire, en lettres de sang ineffaçables.

Le martyre de Rouen et le martyre de Sainte-Hélène ne pourront jamais être assez expiés. Puisse notre chère Lorraine enfanter à nouveau une Jeanne Darc qui nous rende notre Alsace regrettée cette sœur qu'une autre race, également exécrée, nous a volée.

LES HÉROS DE L'INDÉPENDANCE
CORSE

SAMPIERO — PAOLI

SAMPIERO

Sampiero Corso.

SAMPIERO

(1497-1567).

> Un jour de bataille, le colonel des Corses vaut dix mille hommes.
>
> (*Opinion du connétable de Bourbon.*)

Sampiero naquit à Dominicacce, un des six hameaux groupés autour de Bastelica, au pied du monte d'Oro, au milieu des grands bois de châtaigniers et d'oliviers. Ce fils de berger, que quelques historiens prétendent, à tort, croyons-nous, être de la branche de l'illustre famille des d'Ornano (1) fut élevé dans le sein de cette population admirable de montagnards de Bastelica, forte de corps et d'esprit, courageuse et hospitalière entre toutes. Dans cette contrée sauvage et pittoresque, pays de forêts, de montagnes, de cascades, de ruisseaux torrentueux, de sources limpides, de précipices insondables, de pâturages riants, il puisa sa force indomptable, son ardeur

(1) Voir appendice fin du volume.

guerrière, son courage, son intrépidité dans les combats, sa simplicité de mœurs, son amour pour sa patrie.

Tout jeune encore, animé d'une grande passion pour la guerre, il partit pour Florence, et s'engagea au service de cette puissante république. Capitaine d'une compagnie de bandes noires, il fit preuve de brillantes qualités militaires, et son nom ne tarda pas à acquérir une juste célébrité à la cour de France où ses exploits lui avaient fait décerner le surnom d'indomptable.

Le pape Jules II de Médicis, successeur de Léon X au trône pontifical, voulut rétablir à Florence la puissance de sa famille. La République étant entrée dans la ligue formée contre l'empereur Charles-Quint, ce dernier vint assiéger le château Saint-Ange et les Florentins en profitèrent pour chasser les Médicis. Jules II, irrité de l'affront fait à sa famille, sacrifia son ressentiment contre l'Empereur au désir de se venger des Florentins, traita avec Charles-Quint à la condition qu'il rétablirait les Médicis dans Florence. Les Florentins, après avoir vaillamment combattu pour leur liberté, capitulèrent le 12 août 1530, et, le 28 octobre, l'Empereur rendit un décret, par lequel Alexandre de

Médicis, ses fils et ses successeurs, étaient déclarés chefs de la République.

Sampiero aimait trop la liberté pour continuer à servir un pays que la famille sanguinaire des Médicis venait d'enchaîner avec l'aide des soldats de Charles-Quint. Il passa en France où régnait, alors, François Ier, roi brave et chevaleresque; celui-ci, connaissant sa réputation, lui donna le grade de maréchal de camp et de colonel des Corses. Sampiero ne tarda pas à justifier la bonne opinion du roi à son égard, par une foule d'exploits qu'il accomplit sur tous les champs de bataille. Au siège de Perpignan, le dauphin, qui fut plus tard roi sous le nom de Henri II, tira la chaîne d'or qu'il avait au cou, et la passa au brave capitaine corse en honneur de son énergie et de son courage.

Le maréchal de Montluc nous apprend aussi, qu'au siége de Coni, en Piémont, le vaillant capitaine Sampiero combattit d'une façon si terrible qu'il fut presque assommé. Raconter les exploits de Sampiero, ce serait faire son histoire depuis le jour de sa naissance, et ce n'est pas en quelques pages que se peint la vie d'un homme de sa taille. Sampiero Corso, le martyr de l'indépendance corse, est suffisamment grand et sublime pour qu'il soit utile de parler de ses faits d'armes sur d'autres terres que celle qu'il arrosa de son sang, de ce sang héroïque dont on peut dire que chaque goutte enfanta un héros.

Sampiero s'étant rendu en Corse pour y célébrer son mariage avec Vannina d'Ornano, les autorités de Saint-Georges craignant que la présence du redouté capitaine fût le prélude de quelque soulèvement, le firent arrêter et l'enfermèrent dans la forteresse de Bastia, avec la charitable intention de s'en débarrasser. La nouvelle de l'arrestation arbitraire du grand patriote ne tarda pas à se répandre dans l'île, et la terreur succéda bientôt à la joie que les insulaires avaient ressentie en apprenant la venue de Sampiero. Les Corses connaissaient, par expérience, la fourberie et la cruauté des Génois, et ils ne doutaient pas que ceux-ci n'éprouvassent un plaisir sauvage à faire périr l'homme qui pouvait les affranchir, le capitaine fameux qui pouvait les conduire à la victoire.

François d'Ornano, père de Vannina, ayant appris à Henri II la conduite des Génois, le roi de France chargea son ambassadeur à Gênes, de demander la mise en liberté immédiate de Sampiero. Gênes, par **crainte** de représailles, le libéra, et Sampiero revint en France plus exaspéré encore que par le passé contre les Génois auxquels il jura une haine éternelle et une guerre à outrance. Ses vues contre Gênes allaient être favorisées par l'état des partis en Europe. Henri II, étant entré dans la ligue contre Charles-Quint, résolut de combattre la république de Gênes alliée à l'Empereur et de conquérir la Corse qui, bien qu'administrée par la compagnie de Saint-Georges, était considérée comme faisant partie des possessions génoises.

Le maréchal de Thermes, un des plus habiles capitaines de son temps, débarqua en Corse avec un corps de troupes imposant. Sampiero ayant disposé les esprits en faveur des Français, tous les patriotes vinrent se ranger dans les rangs du maréchal de Thermes qui, voyant l'influence des officiers corses, et particulièrement de Sampiero sur les populations, donna à ce dernier le commandement d'un régiment avec mission de se diriger sur Corte. A la voix de leur chef aimé, les Corses reconnurent avec empressement l'autorité du roi de France, et l'on vit accourir de tous les points de l'île une foule de jeunes gens désireux de servir sous les ordres de leur valeureux concitoyen; partout l'enthousiasme le plus grand avait succédé au plus profond découragement; et ce fut un bien beau spectacle que celui de ce peuple se jetant avec délire dans les bras d'une nation généreuse, à l'appel du plus vaillant et du plus grand des patriotes.

Corte se rendit sans résistance; il en fut de même des autres villes de l'intérieur occupées par les Génois qui, forcés d'abandonner leurs positions se réfugièrent dans Ajaccio encore en leur possession. Sampiero ayant sommé le commandant de se rendre, celui-ci se croyant assez fort refusa; mal lui en prit, car en quelques heures, la place fut enlevée d'assaut, les Génois massacrés et leurs biens livrés au pillage.

Cependant, malgré les succès du maréchal de Thermes et de Sampiero, les troupes françaises étaient cruellement éprouvées, et s'affaiblissaient de jour en jour, dans cette guerre nouvelle pour elles; guerre d'escarmouches dans un pays inconnu, tout parsemé de forêts et de montagnes. Les Corses comprirent qu'ils ne devaient compter que sur leurs propres forces et ils résolurent de donner à Sampiero le commandement suprême. Dès lors, investi d'une autorité illimitée, à la tête de plusieurs milliers d'insulaires, il poursuivit vigoureusement les ennemis, et les combattit jusque dans leurs derniers retranchements. Il se dirigea sur Vescovato occupé par des troupes génoises et par des mercenaires allemands. En route, il apprit que le général Spinola était parti de Bastia avec dix compagnies de soldats génois, afin de renforcer les garnisons de Vescovato et de Venzolasca ; il l'attendit sur les bords du Golo. Les Génois ne tardèrent pas à apparaître sur l'autre rive et ils traversèrent le fleuve ne se doutant nullement de la présence de Sampiero en ces lieux. A peine les dix compagnies furent-elles débarquées que les soldats corses, cachés dans un bois voisin, fondirent avec furie sur les ennemis trois fois plus nombreux, surpris de tant d'audace. En vain Spinola chercha à rallier ses troupes, à ranimer leur courage en leur montrant le petit nombre d'assaillants qui les faisait battre en retraite, les Génois, complètement démoralisés, perdirent la tête, et se laissèrent pousser dans le fleuve, l'épée dans les reins ; six compagnies furent ainsi complètement exterminées, et les quatre autres se sauvèrent en abandonnant leurs armes. Les pertes des Corses furent presque nulles ; et, de la mort de quelques braves, résultèrent la défaite des Génois et leur découragement.

Malheureusement, les insulaires ne purent profiter sur-le-champ de cette victoire car Sampiero était tombé grièvement blessé dans la mêlée, et il fallut renoncer, jusqu'à sa guérison, au projet qu'il avait formé d'attaquer, à la fois, toutes les positions ennemies. Les Génois s'étaient réfugiés à Bastia et à Calvi, les seules villes qui leur restaient et bien qu'ayant subi des pertes cruelles, ils ne paraissaient pas vouloir abandonner leurs prétentions sur le reste de l'île. Trop faibles pour continuer la lutte contre les Français et les Corses alliés, ils s'adressèrent au roi d'Espagne, Philippe II, pour obtenir la restitution de l'île de Corse ; on vit, alors, s'accomplir le plus grand acte impolitique et le plus bel exemple de faiblesse et de déloyauté que l'histoire ait jamais eu à enregistrer de la part d'un roi. Le 3 avril 1559, Henri II signa avec Philippe II et Elisabeth d'Angleterre, le fameux traité de Cateau-Cambrésis, paix désastreuse par laquelle il abandonnait Calais aux Anglais, 189 places fortifiées en Italie, les Siennois à leur ennemi le duc de Florence, et les Corses aux Génois. L'indignation fut grande en France envers les deux négociateurs de cette paix, Montmorency et Saint-André et plus particulièrement contre le roi qui, pour acheter la liberté de ses deux courtisans faits prisonniers à la bataille de Saint-Quentin, avait sacrifié, de gaîté de cœur, l'honneur et les intérêts de la France; elle fut non moins grande en Corse où les patriotes dévoués à la couronne ressentirent une émotion profonde, en apprenant qu'ils étaient ainsi abandonnés à la merci de leurs implacables ennemis, par celui qu'ils avaient soutenu avec tant d'héroïsme, au prix d'innombrables souffrances; et cela, au moment où il eut suffi d'un nouvel effort pour les affranchir à jamais du joug génois, alors que tout espoir d'entente entre les insulaires et les Liguriens était complètement perdu, par suite des violences inouïes, des attentats de toutes sortes commis par les commissaires et les capitaines de l'odieuse République. Tandis que la Corse était livrée à ses oppresseurs, Sampiero souffrait cruellement de voir quels étaient, après cinq années d'une lutte acharnée, les résultats déplorables obtenus dans cette entreprise qu'il comptait mener à bonne fin; entreprise devenue désastreuse malgré tous ses énergiques efforts. Après avoir été dépouillé de ses biens par la compagnie de Saint-Georges, le héros corse se vit proscrit à jamais de sa patrie bien aimée, et c'est le cœur ulcéré, plus que jamais courroucé contre les Génois, qu'il revint en France espérant intéresser au sort malheureux de ses compatriotes, la reine Catherine de Médicis, qui tenait en mains les rênes de l'état, pendant la minorité de son fils François II. Catherine avait beaucoup à reprocher aux magistrats de Gênes lesquels avaient agi comme avec Sampiero, à l'égard de plusieurs de ses protégés dévoués à la France; mais elle redoutait les conséquences fâcheuses pour la paix européenne pouvant résulter d'une rupture avec le gouvernement ligurien, et, tout en manifestant au chef corse un grand intérêt pour lui et pour ses concitoyens, elle préféra s'abstenir.

Sampiero songea à solliciter l'appui du dey d'Alger, successeur du dernier des Barberousse. Khaïr-Eddyn était mort en 1546, après avoir battu l'amiral génois Doria et les troupes de Charles-Quint. Les corsaires algériens étaient sans cesse en lutte contre les marins liguriens, aussi la haine de Sampiero fut-elle bien accueillie par le dey, qui lui promit son concours. Heureux du succès de sa mission, l'héroïque patriote se préparait à quitter Alger, lorsqu'il apprit que sa femme Vannina avait écouté favorablement les offres que lui faisaient les magistrats de la République et qu'elle allait se rendre à Gênes. Doutant de la véracité de ce qu'on lui rapportait, mais néanmoins, redoutant la ruse et l'hypocrisie des Génois, craignant qu'on ne gagnât sa femme par des promesses perfides pour l'atteindre lui-même plus facilement ensuite, il pria Antoine de Saint-Florent, son meilleur ami, de déjouer le plan de ses ennemis.

Gênes n'ignorait pas les efforts de Sampiero pour lui chercher des ennemis non-seulement en Europe, mais encore en Afrique. La compagnie de Saint-Georges incapable d'atteindre son terrible adversaire, se dit que le meilleur moyen de mettre un frein à son ardeur patriotique était de s'attaquer à sa femme, en lui persuadant qu'elle trouverait, à Gênes, protection pour elle et pour ses enfants ; qu'elle y serait reçue avec tous les honneurs dus à son rang ; que la paix était signée entre la Corse et la République, et que, désormais, son époux ne serait plus inquiété ; que ses biens lui seraient rendus avec toutes sortes de privilèges. Le gouverneur des enfants de Sampiero, peut-être dans le but d'obtenir, lui aussi, des faveurs du sénat de Gênes, fit entrevoir à Vannina combien sa famille profiterait de cette amnistie accordée à son mari, combien il serait glorieux pour sa postérité d'être réintégrée dans ses anciens droits ; toutes ces visions de splendeur et de gloire dont on abreuvait sans cesse la vanité d'une faible femme, ne devaient pas tarder à la faire succomber à la tentation. En effet, la maison de Marseille où Sampiero avait installé son épouse avant son départ, fut démeublée, et Vannina s'embarqua avec le plus jeune de ses deux fils ; l'aîné, Alphonse, qui devint plus tard maréchal, étant alors à la cour de France.

Antoine de Saint-Florent venait de débarquer à Marseille, et, ayant appris le départ de l'épouse de son ami, il loua un navire et parvint à l'atteindre en vue de Nice. Vannina, se voyant poursuivie, comprit que c'était par ordre de son mari, et elle se fit descendre à terre ; Antoine de Saint-Florent l'entraîna alors, avec lui, au nom du roi et de son époux, et la conduisit à Aix où il la remis entre les mains du parlement de Provence.

Pendant ce temps, Sampiero qui, en quittant Alger, était parti pour Constantinople, s'acheminait vers la France, et rapportait de la cour du sultan de grandes espérances. Il arriva à Marseille, et, en débarquant, il se trouva en présence de son fidèle ami qui avait été averti qu'un navire, venant de Constantinople, était dans le port. Antoine lui raconta, avec des larmes dans la voix, comment son épouse avait abandonné sa maison de Marseille, de quelle façon il l'avait empêchée de se rendre dans la capitale ligurienne ; il chercha à faire retomber la faute de cette faiblesse sur le gouverneur des enfants du grand patriote, en lui relatant les belles propositions des Génois et les conseils intéressés et antipatriotiques de celui dont la mission était de mettre au cœur de ses fils la haine des Génois et l'amour de la patrie.

Sampiero sut gré à son ami du baume qu'il tentait de mettre sur ses blessures morales, il lui sut gré de vouloir calmer son immense douleur, mais si, dans son anéantissement, il reconnut la voix de l'amitié, il entendit plus encore celle qui lui apprit la trahison de sa femme. Il partit immédiatement pour Aix, se rendit au parlement, demanda Vannina, et, sans proférer une seule parole, il lui ordonna d'un geste impératif de le suivre ; elle obéit, et tous deux se dirigèrent vers Marseille.

Lorsqu'il vit sa maison déserte, dégarnie de ses meubles, cette maison où il avait installé son épouse avant son départ, lorsque Vannina, interrogée, lui apprit les motifs de sa conduite, il manqua de s'affaisser sous le poids de son indignation. Sa femme, au prix de brillants engagements qui flattaient sans doute son orgueil, mais qu'elle devait savoir mensongers venant des plus cruels ennemis de son pays et de son mari, avait tenté de le livrer pieds et poings liés, de donner des fers à ses compatriotes en leur ôtant leur plus grand et plus héroïque défenseur, de faire un renégat de son propre fils, en le mettant entre les mains des Génois ; elle avait quitté Marseille sans l'autorisation de son mari, en un mot, elle avait, en agissant ainsi, trahi sa patrie, vendu son époux et son fils ; elle s'était montrée mauvaise patriote, femme infidèle, et mère sans entrailles ; crime, intrigue politique, faiblesse ou vanité, quelle que fût la cause génératrice de sa faute, Sampiero considéra seulement les effets qui auraient pu en résulter pour ses concitoyens et pour sa famille; il s'érigea en juge, en défenseur de la patrie; il n'y avait aucune loi française pour condamner sa femme; sa patrie dont il était l'âme la condamnait; il la tua et vengea ainsi le patriote, l'époux et le père outragé. Justice terrible, mais pleine de grandeur, que peuvent seuls comprendre les esprits profondément animés de l'amour de la patrie, les hommes vraiment forts, pour qui l'honneur et le patriotisme ne sont pas des mots, mais bien des vertus sacrées que nul ne doit profaner. Sampiero blâmé par la cour et par le parlement est absous par la postérité, seule capable de juger impartialement des actions aussi grandes, qui n'étonnent les faibles que par leur grandeur même.

Cinq années s'étaient écoulées depuis le traité de Cateau-Cambrésis, qui avait remis la Corse sous la domination génoise. Sampiero n'avait pas reçu les secours promis par le dey et par le sultan, et il jugea préférable de chercher en Corse les moyens de défense au lieu d'attendre des renforts qui ne viendraient peut-être jamais. Il arma deux navires avec une cinquantaine d'hommes, traversa les croisières génoises, débarqua dans le golfe de Valinco, en juin 1564, et marcha immédiatement sur le château d'Istria dont il s'empara après une lutte acharnée. Les Génois, effrayés de l'arrivée du chef corse, tant redouté, mirent à prix sa tête et celle de ses deux principaux lieutenants et fidèles amis : Antoine de Saint-Florent et Achille de Campocasso. Ces menaces, bien loin de les terroriser, ne firent qu'augmenter leur haine mutuelle et exciter leur désir de vengeance. Les Corses avaient de nouveau repris courage, et un grand nombre étaient venus renforcer la petite troupe commandée par Sampiero. Afin de diviser les forces du général génois, Nicolas de Négri, Sampiero s'avança sur Corte. En chemin, il apprit que la tour de Venzolasca n'était gardée que par une faible garnison sous les ordres de Napoléon de Biguglia ; il y courut, somma le commandant de se rendre, et, sur son refus, il fit apporter des fascines, répandit de l'huile dessus, y mit le feu, incendia la tour, et massacra les ennemis qui tentaient d'échapper aux flammes. Après un jour de marche, il atteignit, enfin, le gros de l'armée génoise, se rua avec ses hommes sur les ennemis avec tant d'impétuosité qu'ils se virent bientôt contraints de battre en retraite ; alors s'adressant à ses soldats : « Les ennemis fuient, dit-il, il ne faut pas leur en laisser le temps » et à la voix de leur chef, les Corses les poursuivent et en font un tel massacre qu'ils jonchent la terre de cadavres, sur un espace de près de quinze kilomètres. Les Génois perdirent, en cette seule journée, leur général de Négri, quinze compagnies d'infanterie et quatre de cavalerie.

En apprenant les victoires de Sampiero, les insulaires accoururent de tous les points de l'île et formèrent une armée solide et aguerrie, capable d'accomplir des merveilles sous les ordres d'un capitaine aussi brave, aussi énergique, et aussi prudent que consommé dans l'art de la guerre.

Devant cet accroissement de forces des Corses, les Génois demandèrent des secours au roi d'Espagne qui leur envoya six mille Espagnols, lesquels, avec l'armée ligurienne commandée par Doria, marchèrent sur Corte à la rencontre de Sampiero. Mais ce dernier n'attendit pas leur arrivée ; il les attaqua en route, les repoussa au delà du Golo et s'en alla établir son quartier général à Pie d'Orezza.

Le général ligurien, impuissant à vaincre son redoutable ennemi, tourna sa fureur contre les paisibles habitants, et incendia les villages. En une année, il parcourut l'île, fuyant la vengeance de Sampiero, brûla plus de cent villages, et massacra un grand nombre de familles. Ne pouvant assouvir sa haine sur son indomptable rival, il détruisit Bastelica, et la maison où il était né. Le héros corse, en apprenant ces actes de vandalisme, s'écria, au milieu de ses compagnons d'armes : « Chaque jour, je vois que mon devoir m'ordonne de rester parmi vous, de mourir en combattant, ou de plonger mon épée dans le cœur du dernier des soldats génois. Il me sera plus doux de mourir ainsi, que de vivre au milieu des cours du continent, entouré de dignités et d'honneurs. » Le grand patriote serait certainement arrivé à ses fins, et aurait sans nul doute, affranchi sa patrie, si ses ennemis, inhabiles à le vaincre, n'avaient souillé leur histoire d'un crime atroce, d'autant plus atroce que des insulaires en ont été les complices.

Parmi les Corses combattant sous le drapeau de la République, se trouvaient Hercule d'Istria, Michel Ange, Jean François et Jean Antoine d'Ornano, auxquels les Génois avaient promis le fief d'Ornano, et qui reprochaient à Sampiero la mort de leur sœur Vannina. De complicité avec un moine nommé Ambroise de Bastelica, ils corrompirent Vittolo, domestique du héros, et le décidèrent à assassiner son maître. Sampiero prévenu que les ennemis étaient aux environs, à Cauro, s'y rendit. Arrivé à un rond-point entouré de makis, entre les villages de Suarella et d'Eccica, une petite troupe lui barra le passage.

Il comprit aussitôt qu'il était tombé dans un guet-apens, se saisit de son épée et, bien qu'il eût alors soixante-dix ans, il se précipita avec tant d'audace sur les traîtres qu'il les fit reculer. Encore un effort vigoureux et ses ennemis allaient s'enfuir. Quatre étaient couchés à terre par son bras terrible, et il s'apprêtait à s'élancer sur leur chef, lorsque Vittolo, qui n'avait tué aucun assaillant, et faisait mine de se battre, passa derrière lui, et lui déchargea son fusil dans le dos. Le grand homme eut le temps d'implorer son fils Alphonse de prendre la fuite, de ne pas s'exposer inutilement à une mort certaine et il expira faisant face à ses ennemis, après une lutte héroïque. Pour couronner leur exploit infâme, les d'Ornano et leurs sicaires mutilèrent son cadavre, lui coupèrent la tête, la mirent au bout d'une pique et la portèrent triomphalement à

Ajaccio, au gouverneur génois François Foruari, qui la fit exposer sur la place publique, et témoigna la joie qu'il ressentait en ordonnant de tirer des salves d'artillerie, de sonner les cloches, et en jetant de l'argent à la populace, des fenêtres de son palais. Le 17 janvier 1567 fut un jour de liesse pour les Génois, et un jour de deuil pour les Corses. Deux siècles de combats meurtriers, de dévastations, d'assassinats, suivront la mort de Sampiero.

Ainsi se termina la glorieuse carrière de Sampiero Corso. Digne de l'immortalité par la grandeur de son caractère, par la noblesse de ses sentiments, grand homme de guerre, d'un esprit inépuisable en ressources, capitaine courageux et infatigable, il se fit remarquer autant par son devoûment que par son désintéressement au service de la France; ne recevant aucun secours de la fortune qui favorise souvent, trop souvent même, bien des hommes, il ne s'éleva que par sa valeur guerrière et par sa bravoure. Ses compagnons d'armes l'aimaient comme un père, ses compatriotes l'adoraient comme un sauveur.

En butte à tous les dangers, à toutes les disgrâces, il ne succomba que par l'assassinat ; exemple de ce que peut un homme continuellement guidé par une grande et unique passion. La sienne, c'était son ardent amour pour sa patrie, amour qu'il mettait au-dessus de tout, qui lui avait fait sacrifier le bonheur de sa famille pour sauvegarder les intérêts de son pays. Ses ennemis lui ont reproché d'avoir voulu s'emparer du pouvoir, et se faire nommer roi de l'île. Il était bien trop soucieux de sa liberté, pour y avoir aspiré, et rien dans sa nature n'indiquait qu'il eût désiré briguer cette position. Ayant vécu dans toutes les cours les plus raffinées de l'Europe, depuis celle de François Ier jusqu'à celle du sultan ottoman Soliman *le Grand*, où se déployait tout le luxe oriental, il vivait en Corse de la vie primitive des pâtres, portait le pelone en laine grossière, se nourrissait comme les montagnards du Niolo et couchait, comme eux, sur la dure. L'hypocrisie, l'égoïsme, la vanité, l'amour des richesses et des honneurs lui étaient également inconnus ; il ignorait les vices qui pervertissent la nature, et, noble de caractère, élevé de sentiments, il ne pouvait croire que des idées contraires à l'honneur, au patriotisme, pussent germer dans le cerveau même d'une femme ; c'est pourquoi il fit périr la sienne, certain, en accomplissant cet acte d'inexorable justice, de remplir fidèlement son devoir de patriote, de ne pas faillir à la tâche sublime qu'il s'était imposée. Les Corses voulant glorifier en lui le type le plus pur de leur nationalité, lui ont décerné le nom glorieux de *Sampiero Corso* et lui ont voué un culte éternel d'admiration et de souvenir.

Pascal Paoli.

PAOLI

PAOLI

(1726-1807.)

> « J'ai trouvé la patrie morte, comme l'enfant de l'histoire du prophète Élie, et je me suis étendu dessus pour la ranimer. »
> (*Parole de Paoli.*)

Pascal Paoli naquit en 1726, à la Stretta près de Rostino, dans la juridiction de Bastia. Son père, Hyacinthe Paoli, après avoir soutenu à la tête de la grande insurrection corse, la lutte contre les Génois et contribué à donner un trône éphémère au baron de Neuhof élu roi de Corse sous le nom de Théodore Ier, se vit contraint, après la chute de cet étonnant règne de huit mois, d'abandonner les chances problématiques d'une guerre interminable et inégale. Durant dix années, de 1729 à 1739, il déploya toutes les qualités d'un grand capitaine et fit preuve d'un courage et d'une énergie admirables; et ce n'est qu'à bout de ressources, qu'il se retira à Naples, où il obtint le commandement d'un régiment de Corses réfugiés.

Pascal vécut à Naples avec son père et son frère aîné Clément. Il étudia les anciens à leur foyer même, s'éprit de liberté en même temps que de lumière, au milieu d'une jeunesse qui se sentait attirée irrésistiblement vers la France, par des affinités de génie et de race. La voix des grands philosophes, Voltaire et Rousseau, résonnait dans les esprits, comme la cloche résonne dans les campagnes. La France l'avait entendue comme un tonnerre ; l'Italie, plus impressionnable, plus poétique, comme une suave mélodie dont la liberté était le plus doux refrain.

Hyacinthe Paoli recevait constamment des lettres de ses parents de Corse, et Pascal les lisait avec passion, pleurant souvent aux récits des sanglantes nouvelles qu'elles contenaient, et des malheurs de la patrie. Bien souvent il se reprochait son impuissance, sa jeunesse même, comme s'il eût été en son pouvoir d'y changer quelque chose.

Que n'étaient-elles vraies, ces légendes naïves des vieilles mères corses, légendes peuplées de fées et d'enchanteurs ! Il aurait souhaité, dans son ardeur juvénile, de rencontrer quelqu'un de ces êtres merveilleux pour lui demander en grâce de le charger de quelques années ; et il ne faut pas s'étonner de ce désir d'une âme généreuse, lorsqu'on connaît le martyre que la Corse avait enduré, et celui qu'elle endurait encore après des siècles de combats sanglants, alors que Pascal Paoli, le futur libérateur, se lamentait sur ses malheurs, qu'il apprenait, qu'il voyait, qu'il sentait presque du rivage italien.

Quelles avaient été les destinées de la Corse jusqu'alors et de quel bonheur ce peuple admirable avait-il joui à travers les siècles ? Depuis la chute de l'empire romain, l'île de Corse avait souvent changé de maîtres. Elle avait goûté les douceurs de l'indépendance dans les intervalles d'une domination à une autre. Les Goths, les Sarrasins et les Francs, tour à tour, en avaient soumis les rivages ; mais ils n'avaient pu en franchir les montagnes où la liberté d'un peuple fier et courageux trouvait un asile inviolable. Des marchands italiens, comprenant l'importance de cette station dans la Méditerranée, s'en emparèrent dès que leurs républiques furent devenues puissantes. Les Pisans s'y installèrent, puis les Génois vinrent, les chassèrent avec l'aide des Corses toujours prêts à se soulever contre leurs derniers conquérants. C'était là, sans doute, un axiome : en aidant les conquérants à chasser les conquérants, ils devaient arriver, à la longue, à exterminer cette race néfaste à l'humanité. Les Génois avaient à peine mis le pied sur cette île dont ils pensaient fouler impunément le sol, qu'ils éprouvèrent, à leur tour, la haine indomptable de ces insulaires lesquels ils croyaient privés de droits, ignorant qu'ils avaient de la force. Les Génois appliquèrent, les premiers, cette redoutable maxime : *la force prime le droit.* Il est vrai qu'ils n'en tirèrent que du sang et que la force ne voulut pas reconnaître les droits invoqués par eux, quelques siècles plus tard, aux pieds du Corse qui anéantit à jamais leur odieuse république.

Pendant le soulèvement de 1729, sous l'impulsion de Hyacinthe Paoli, de Giafferi, Aitelli et Orticoni, le sentiment patriotique s'était développé à un si haut degré, que les femmes y prirent une part active. On vit les jeunes filles de Corte jurer solennellement de ne pas se marier tant que les Corses ne seraient pas libres, afin, disaient-elles, de ne point donner le jour à des esclaves !

En 1738, le comte de Boissieux débarqua avec six bataillons, envoyé par la cour de Versailles plutôt pour négocier que pour combattre ; tant il est vrai que les mauvais arguments ne paraissent jamais aussi bons que lorsqu'ils ont la force pour assise. « Vous êtes nés sujets de la République, et les Génois sont vos maîtres légitimes ; le roi ne peut et ne doit avoir d'autres principes, dans les bons offices qu'il est disposé à rendre à vos concitoyens, que celui de les remettre dans l'obéissance légitime à leurs souverains. » Telle fut la réponse de ce négociateur aux délégués insulaires : réponse bien digne de celui qu'un de ses contemporains, et non des moins illustres, qualifia « un des hommes les plus sots qu'il y ait ; brave homme si l'on veut, mais ivrogne endurci, nullement officier général, encore moins négociateur. » Avec le comte de Boissieux les choses ne pouvaient aller que de mal en pis ; et c'est ce qui arriva. Les insulaires adressèrent un mémoire au roi Louis XV en l'assurant que toutes ses volontés seraient des lois sacrées pour eux, excepté celles qui tendraient à les faire rentrer sous le joug des Génois. « Si Votre Majesté persiste dans cette résolution, s'écriaient-ils en terminant leur mémoire, buvons le calice amer et mourons. »

En 1748, au congrès d'Aix-la-Chapelle, ils avaient déjà jeté un cri de détresse, tenté de faire valoir leurs nombreux griefs contre la République qui les opprimait : « Nous avions, dirent-ils alors, des seigneurs jugeant sans appel les causes de leurs sujets, levant leur bannière et se confédérant avec Gênes, exerçant les charges et ayant des dignités dans leur patrie ; qui, enfin, étaient à tous égards sur un rang d'égalité avec les autres nobles d'Italie. Aujourd'hui, les nobles et les plébéiens corses sont confondus en tout par la politique ligurienne. Les uns comme les autres, depuis cent soixante-dix ans, sont exclus comme incapables d'exercer aucune charge dans leur pays, et même d'y servir dans les troupes. Nos évêques sont des Génois, nos fonctionnaires sont des Génois et il s'en est peu fallu que nos curés corses ne fussent remplacés par des Génois. Un mal plus affreux encore, c'est l'iniquité des magistrats que Gênes nous envoyait tous les deux ans. Ces magistrats, sans fortune, tirés des bas-fonds de la judicature ligurienne, n'apportaient pour tout savoir que la conviction qu'il leur était permis de commettre toute sorte d'injustices contre les Corses pour amasser des richesses. Ils vendaient d'avance l'absolution des meurtres qu'ils méditaient.

Des lois pernicieuses empêchaient tout commerce au dehors, et les Corses, dans l'impuissance de vendre leurs denrées, se sont dégoûtés du travail. Les Génois n'honorent et ne récompensent aucune vertu et ne châtient aucun crime. Rien ne forcera les Corses à accepter leur joug. Il serait utile que l'on déterminât la république de Gênes à renoncer à l'île de Corse. » Malgré ces énergiques appels à la justice, les Corses n'obtinrent de secours que de leur courage et de leur amour pour la liberté. Il leur fallait un chef capable de succéder au vaillant Gaffori. Clément Paoli proposa son frère Pascal, capitaine au service du roi de Naples don Carlos. Le vieux Hyacinthe Paoli envoya son fils en Corse en lui disant: « Va, fais ton devoir, et sois le libérateur de ta patrie. »

Le 29 avril 1755, Pascal Paoli débarqua à l'embouchure du Golo. D'une haute taille, d'une figure belle et énergique, doué d'une éloquence entraînante, de connaissances variées et des qualités militaires de sa race, il avait toutes les vertus de son père et possédait, en plus, une grande érudition. Il avait étudié, à Naples, les lois de l'antiquité et les lois modernes; en comparant celles-ci avec celles-là il conclut qu'elles différaient peu dans leur ensemble. Il en exceptait, cependant, Sparte et Athènes, car il trouvait, dans ces deux républiques, des lois basées sur le droit et la raison ; tandis que Naples, et les autres républiques italiennes, n'avaient que des lois sans droit et sans justice. Pascal Paoli était bien l'homme qu'il fallait à ce malheureux pays déchiré par des luttes incessantes. Une consulte se réunit à San-Antonio della Casabianca, et conféra à Paoli le titre de général. Dès son élévation au pouvoir, Paoli fit comprendre que la justice n'était pas un vain mot, mais une chose sacrée que nul ne devait violer. Un de ses parents fut condamné à la peine de mort : il laissa la justice suivre son cours, malgré les démarches et les supplications dont il fut l'objet. Acte de suprême justice et d'indépendance qui acheva de lui gagner tous les cœurs. Bien qu'il fût le chef le plus populaire, le seul vraiment sympathique à la grande masse du peuple, Pascal Paoli eut à combattre quelques ennemis jaloux de son influence. Le plus acharné de tous était Marius Matra, qui, pour satisfaire sa haine, ne craignit pas de faire le jeu des Génois en soulevant quelques partisans contre l'autorité de Paoli. Les sommets des montagnes s'illuminèrent de feux pendant la nuit, les cavernes et les bois répercutèrent les sons du cornet appelant les Corses aux armes. Matra ayant appris que Paoli était au couvent de Bozio, s'y rendit avec une troupe de révoltés recrutés à Bastia et à Aléria.

La lutte fut des plus vives ; de part et d'autre on se battit avec acharnement, et Paoli, après un combat énergique, allait succomber, lorsque madame Cervoni dit à son fils Thomas de lui porter secours. Thomas Cervoni hésitait, ayant eu à se plaindre du chef corse, lorsque sa mère l'interpella en ces termes : « Il s'agit bien, ici, de ton injure personnelle ; la cause de la liberté va périr dans la personne de son défenseur ! Marche donc, ou je maudis le sang et le lait que je t'ai donnés. » Le fils obéit, attaque le chef des rebelles avec quelques amis, et réussit à dégager Paoli. Matra tomba frappé mortellement dans la mêlée, et ses partisans furent mis en déroute. Paoli, en apprenant la mort de son ennemi s'écria : « Il est fâcheux qu'un homme de sa trempe, qui eût été un héros sous l'étendard de le patrie, soit mort en criminel dans les rangs de l'ennemi. » Durant trois années, Paoli put gouverner la Corse en paix. Sous son administration, la justice, l'instruction publique et les routes, reçurent une impulsion inconnue jusqu'alors ; il fit bâtir l'Ile-Rousse pour servir d'entrepôt commercial à cette partie de la Corse, il apaisa les inimitiés de famille, répartit les impôts d'une manière équitable, fit battre une monnaie nationale, fonda une université à Corte, une imprimerie et un journal. Alors qu'il s'occupait des grandes mesures d'utilité publique, alors qu'il s'attachait avec un zèle patriotique à donner à son pays des institutions modèles, qu'il arrachait par son génie des cris d'enthousiasme et d'admiration à toute l'Europe, un autre traître, Antoine Matra, parent de celui qui avait trouvé le châtiment de son crime au couvent de Bozio, se mettait en relation avec Gênes qui, toujours favorable à ceux qui lui offraient les moyens de combattre ses ennemis, lui fournit les secours nécessaires pour recommencer la guerre civile. Matra leva l'étendard de la révolte et vint assiéger Bastia avec des troupes génoises. Cette fois, ce ne sont plus des insulaires révoltés que Paoli a devant lui ; c'est l'ennemi séculaire tant de fois repoussé et, cependant, toujours aussi acharné qu'aux premiers temps de la lutte. Le chef corse assemble toutes les forces de la nation pour tenter par un coup audacieux la délivrance de sa patrie. Des combats sanglants se livrent de toutes parts : partout les patriotes sont victorieux, et se montrent à la hauteur de la tâche glorieuse qu'ils entreprennent sous les ordres de Pascal Paoli. Auguste Buonaccorsi, membre de la junte de guerre, est blessé mortellement, et dix soldats se présentent pour le relever : « Marchez, leur dit-il, aidez vos frères à repousser l'ennemi ; vous ramasserez les blessés à votre retour. » Au plus fort de la mêlée, une femme, Marguerite Paccioni du Niolo, se présente à Paoli, et lui dit : « Général, j'avais trois fils ; deux sont morts dans les guerres précédentes. Les magistrats prétendent que celui qui me reste est exempt du service : je ne le pense pas. J'ai vu la patrie en danger, et j'ai fait quinze lieues pour vous offrir mon dernier. » Paoli ne put s'empêcher de dire, qu'à l'aspect d'une telle mère, il s'était trouvé petit comme un enfant. Quel homme si grand qu'il fût, n'aurait pas été humilié devant tant de grandeur d'âme et de patriotisme.

Les Génois, chassés de l'île après avoir

subi des pertes considérables, cherchèrent leur salut dans l'appui de la France. Le ministre Choiseul, à peine sorti des embarras de la guerre, hésita à engager son pays dans de nouvelles aventures. Il résista aux instances de l'envoyé de Gênes, le marquis de Sorba ; mais celui-ci mit tout en œuvre pour obtenir le concours d'un ministre tout-puissant. Il promit des parts de bénéfices sur les fournitures d'une armée de secours à une foule de grands seigneurs ; il gagna à prix d'argent des gens intrigants comme Jean Du Barry, personnage alors inconnu, qui dirigeait, dans une société aussi vicieuse que diversement composée, une femme destinée à une notoriété prochaine : mademoiselle de Vaubernier plus tard comtesse Du Barry. Enlacé, perdu, dans un imbroglio d'intrigues menées par une foule de personnages influents parmi lesquels se trouvait sa sœur elle-même, la duchesse de Grammont, Choiseul finit par céder, et conclut un traité avec la république de Gênes, le 7 avril 1764. Les Génois, en appelant les Français en Corse, remplissaient, selon la remarque judicieuse d'un chroniqueur du temps, le rôle de ce jardinier qui implore le secours de son seigneur pour prendre un lièvre qui mange ses choux. Dès lors, le seigneur vient avec sa meute, il caresse la fille, boit le vin et fait du dégât pour dix fois plus dans les légumes que le lièvre n'en eût fait en cent ans. Par l'acquisition de la Corse, la France faisait respecter son commerce par la République, et craindre son pavillon. « Cela nous donne aussi un pied en Italie, sans avoir à recourir au roi de Sardaigne. Les Génois sont de mauvaises gens, ce sont des juifs enragés de profit et de perfidie, mais nous les tenons mieux qu'en tout autre temps. Nous aurons encore un nouvel entrepôt pour notre commerce du Levant » dit le comte d'Argenson dans son *Journal*. Tel était aussi l'avis de la cour de Versailles, et telles furent les considérations qui poussèrent Choiseul dans cette entreprise.

Par le traité de 1764, la France devait occuper pendant quatre années, les forteresses de Saint-Florent, Calvi et Ajaccio, et prêter, pendant ce temps, l'appui de ses soldats à la république de Gênes pour maintenir l'exercice de sa juridiction souveraine et la perception des droits qu'elle y prélevait.

A peine débarqué en Corse, le général Marbeuf écrivit à Paoli qu'il venait tenir garnison à Saint Florent, Calvi et Ajaccio, mais qu'il n'avait aucun dessein hostile contre lui.

Paoli leva le blocus de Saint-Florent et, peu de jours après, Choiseul lui fit demander un projet de pacification entre la république de Gênes et la Corse. Les Français établis dans l'île avaient pour mission de rester simples spectateurs de la guerre ; mais ils ne tardèrent pas à rompre cette neutralité, en accordant toutes leurs sympathies à la population qu'ils étaient chargés de contenir ; de leur côté, les insulaires étaient entraînés vers cette nation chevaleresque, toujours prête à admirer et à récompenser le courage même de ses ennemis. Cette situation ne pouvait cependant durer longtemps : elle était anormale pour les soldats français chargés de comprimer l'élan d'une population qu'ils poussaient eux-mêmes à la résistance ; anormale, pour les Génois qui avaient grand besoin des troupes dont il leur était imposible, malgré tous leur efforts, de tirer autre chose qu'une hostilité déclarée ; anormale, enfin, pour les patriotes corses lesquels tenaient à respecter le gouvernement chargé de les maintenir sous le joug ligurien. Choiseul comprit que Gênes ne parviendrait pas à s'acquitter des dettes qu'elle avait contractées envers la France, et que la Corse finirait par se révolter de se voir ainsi enchaînée pour la plus grande satisfaction de ses mortels ennemis. A l'expiration du traité, l'Angleterre, la seule puissance capable d'arrêter Choiseul dans son projet de conquête, se trouva tellement affaiblie par une série d'expéditions malheureuses, que l'astucieux ministre n'hésita pas à traiter la prise de possession de la Corse avec les Génois las de lutter sans succès contre l'opiniâtre résolution des Corses. Cette négociation fut conduite de part et d'autre avec mystère, afin de ne pas éveiller trop tôt la jalousie des Anglais. Le roi de France s'annonçait aux Corses comme un médiateur dont les troupes étaient chargées de faire reconnaître leur indépendance. Paoli ajouta foi à ces promesses. La désillusion ne devait pas tarder à être complète et douloureuse. Au mois de mai 1768, les Corses apprirent avec surprise que, par un traité signé à Versailles, Gênes cédait à la France les anciens droits qu'elle prétendait avoir sur la Corse, en nantissement de sa créance; autorisait le roi à accomplir tous les actes de souveraineté dans les places et ports de la Corse, moyennant une indemnité de deux millions.

Paoli convoqua une consulte, le 22 mai 1768, le jour même où les troupes françaises, débarquées à Ajaccio, substituaient le drapeau blanc au drapeau génois. Il ne dissimula pas la gravité de la situation à ses compatriotes leur conseilla la résistance, tout en leur faisant comprendre qu'ils ne pouvaient résister à la France et qu'ils n'avaient pas à compter sur l'Angleterre. « La nation corse ne se laissera pas vendre comme un troupeau de moutons envoyés au marché » s'écria le glorieux chef insulaire. « La liberté ou la mort ! » répondit l'assemblée.

En août 1768, le marquis de Chauvelin débarqua dans l'île avec seize bataillons. A son arrivée, il proclama son maître roi de Corse et déclara rebelle quiconque ne se soumettrait pas, et tenterait, suivant le principe du droit naturel, de repousser la force par la force.

Des premières hostilités exercées avec succès, enflèrent l'orgueil du duc de Choiseul, qui les fit insérer dans la *Gazette de France* avec un faste puéril. Il eut lieu de s'en repentir ; et le récit des humiliations qu'éprouvèrent bientôt les troupes françaises, fut rendu par les gazettes étrangères avec un empressement qui lui apprit de quel œil l'Europe voyait cette invasion.

L'armée française s'avança vers le Cap-Corse. Le général Grandmaison fut chargé de s'emparer de la tour de Nonza défendue par Jacques Casella et une faible troupe. En voyant les forces considérables des Français, les quelques patriotes commandés par Casella renoncent à résister. « Comment! s'écria leur chef; il y a des canons, des fusils, et des munitions ; et l'on croit toute résistance impossible ; nous tiendrons jusqu'à la dernière extrémité ; ensuite, nous ferons sauter la tour. » Les soldats, à ces paroles, paraissent enthousiasmés, et promettent de ne pas abandonner la place ; mais sitôt la nuit venue, ils prennent la fuite. A l'aube, Casella se voyant seul, met le feu à l'unique canon qui défend l'entrée de la tour, saute d'une meurtrière à l'autre, tire des coups de fusil, à droite, à gauche, commande le feu, et parvient ainsi à tromper le général français qui se prépare avec soin à l'attaque, croyant la tour solidement défendue.

Avant de commencer les hostilités, il envoie un parlementaire pour proposer à la garnison une paix honorable : les soldats sortiront avec armes et bagages, et les honneurs militaires leur seront rendus. Casella accept . Un capitaine fait avancer une compagnie au pied de la tour pour en prendre possession et rendre les honneurs à ses défenseurs. Casella sort armé de son fusil, de ses pistolets et de son épée. « L'officier français fait ouvrir les rangs à ses soldats ; mais ne voyant personne autre sortir de la tour, il demande à Casella avec véhémence, pensant qu'on le trompe : « Commandant, où est la garnison ? — Vous la voyez, » répond Casella en montrant ses armes. Le général Grandmaison instruit du fait témoigna son admiration à l'officier corse, et le fit accompagner avec les honneurs de la guerre jusqu'aux avant-postes du général Paoli.

Pendant que ses officiers s'emparaient de quelques places de peu d'importance, que le général de Grandmaison se faisait battre à Murato, le marquis de Chauvelin pénétrait dans le Nebbio avec quinze mille hommes. Le village de Furiani, défendu par une poignée de héros commandés par Saliceti, l'arrêta durant deux semaines ; après quoi il poursuivit sa marche, et s'empara de Vescovato défendu par Clément, frère de Pascal Paoli, qui fit subir des pertes considérables aux troupes françaises.

Les patriotes corses décidés à vaincre ou à se faire tuer, se réunirent à Loreto où le marquis de Chauvelin ne tarda pas à les rejoindre. A la pointe du jour, l'attaque commença et, de part et d'autre, on se battit avec vaillance et l'on fit des prodiges de valeur. Le combat dura sept heures, et les Corses, après avoir donné quinze fois l'assaut aux troupes royales, parvinrent à franchir leurs retranchements et à les refouler au delà du Golo. Chauvelin concentra son armée et lui fit prendre position dans le village de Borgo.

Pascal Paoli partagea ses soldats en quatre portions : un corps de cinq cents hommes fut chargé d'attaquer à l'ouest, un second à l'est, un troisième, sous les ordres de Clément Paoli, eut pour mission de contenir le général Grandmaison qui occupait la route du Nebbio. Pascal, ayant avec lui Charles Bonaparte et l'élite des patriotes, occupa Lucciana, d'où il pouvait diriger les opérations, et se porter sur les points les plus menacés.

Les Français donnèrent le signal du combat et attaquèrent à la fois les quatre divisions corses. Deux fois ils furent repoussés avec des pertes considérables, et la troisième, ils furent complètement écrasés et obligés de battre en retraite après avoir laissé plusieurs drapeaux aux mains des patriotes. Dans cette mémorable journée, les femmes ne furent pas les moins vaillantes, et elles se signalèrent par leur ardeur à exciter l'enthousiasme des Corses. Une d'elles se battit avec tant d'acharnement et de courage, qu'on la surnomma l'héroïne. Les prêtres, eux aussi, prirent part à cette lutte héroïque et suprême. Les uns haranguaient les soldats pour enflammer leur patriotisme; les autres se signalaient par des actes d'intrépidité comme l'abbé Agostini de Silvareccio qui, seul, barricadé dans une maison, tint tête à une compagnie ennemie.

Paoli vainqueur des troupes royales proposa la paix au gouvernement français, puis, en attendant la réponse au message qu'il avait envoyé au roi de France, il se rendit à l'Ile-Rousse où des émissaires anglais lui remirent huit mille livres avec la promesse de lui procurer, tous les mois, une pareille somme pendant la durée de la guerre.

La cour de Versailles avait beaucoup de peine à comprendre que le chef d'une troupe de paysans — c'était ainsi que Chauvelin, qui, à chaque rencontre, se faisait battre, qualifiait dédaigneusement Paoli — pût tenir en échec, en lui faisant subir des pertes considérables, une armée disciplinée et aguerrie. Choiseul voyait avec effroi les résultats déplorables de son entreprise. Des courtisans qui avaient l'oreille du roi, se plaisaient, en haine du ministre, à exagérer les échecs, à représenter la conquête de la Corse comme une expédition aussi folle que dispendieuse, que l'Angleterre pouvait faire expier à la France par une guerre maritime. Choiseul ne se laissa pas décourager par les propos malveillants de ses ennemis. Il démontra au roi l'importance pour la France d'un tel établissement dans la Méditerranée, les avantages et la sécurité que la Corse offrirait à son commerce du Levant, la nécessité de prévenir les Anglais qui, en s'assurant de cette possession, ajouteraient un nouveau prix à celle de Gibraltar; les ressources de la Corse en bois de construction pour la marine, et la facilité de réparer l'inconvénient le plus grave de la perte du Canada. Les arguments de Choiseul en faveur de la conquête de la Corse l'emportèrent bientôt sur ceux des alarmistes et des envieux et le roi approuva d'enthousiasme les projets de son favori, convaincu du génie et de la hardiesse de ce ministre qui avait contraint au silence la superbe et jalouse Albion. Selon l'avis de Choiseul, l'insuccès de l'entreprise incombait à l'incurie du marquis de Chauvelin. On lui substitua le comte de Vaux, général rigide, même dur, qui ne parlait que de potences et de bourreaux.

Paoli, en apprenant l'arrivée du comte de Vaux avec quarante-huit bataillons, jugea que la situation allait changer et devenir particulièrement grave. Il décida une levée en masse de tous les hommes valides depuis l'âge de seize ans jusqu'à soixante ans. « La patrie est en danger ! » s'écria de nouveau Paoli dans la consulte qu'il réunit à la Casinca, le 15 avril 1769. « Il faut vaincre ou mourir ! » tel fut le cri d'alarme ; et tous les patriotes jurèrent de défendre jusqu'au dernier, le sol sacré de la patrie.

Le comte de Vaux débarqua à Saint-Florent. « Messieurs, dit-il, aux officiers généraux venus à sa rencontre ; le roi m'a chargé de vous dire qu'il est très mécontent de son armée ; plusieurs officiers, placés dans des postes importants, ont eu la lâcheté de signer des capitulations. Je défends qu'à l'avenir aucun officier en détachement se serve de plume et de papier. Sa Majesté a singulièrement désapprouvé la suspension d'armes ; c'est une tache que vous avez imprimée sur nos drapeaux. J'espère que nous la laverons en faisant chacun notre devoir, plus que notre devoir même. » Il partagea ses troupes en trois corps de forces différentes destinés à marcher sur Corte, centre et capitale de l'île, partit lui-même de Saint-Florent avec la plus grande portion de son armée, après avoir chargé M. de Narbonne, qui se trouvait à Ajaccio, de se joindre, en passant par Vico, au corps de Marbeuf lequel se rendait à Corte par les plaines d'Aleria en remontant le cours du Tavignano.

Le 30 avril, Paoli porta son quartier général à Morosaglia ; le comte de Vaux l'y suivit et s'établit au village de San-Pietro. Pendant trois jours, les deux armées restèrent en présence, s'observant, mais ne tirant pas un coup de fusil. Le 3 mai, au lever du soleil, le comte de Vaux attaqua les avant-postes ennemis, sans obtenir de résultat. Le lendemain, après un combat de quatre heures, les Français furent repoussés et eurent deux cents hommes tués, et un grand nombre de blessés et de prisonniers.

Paoli ayant appris que l'armée française avait été imprudemment partagée en deux colonnes dont l'une traversait le Nebbio, et l'autre les gorges du Golo, résolut de les

13.

attaquer isolément, alors qu'elles étaient séparées par un espace de six lieues coupé de torrents et hérissé de makis. Les Français ayant manœuvré avec rapidité, et les Corses étant impatients de commencer ce combat dans lequel résidait leur salut ou leur perte, la bataille s'engagea sans que Paoli pût donner ses ordres ; les deux colonnes de son armée se trouvèrent dispersées sans qu'il fût possible de les rallier. Placés entre deux feux, les Corses se retirèrent vers Ponte-Nuovo afin d'être protégés par le fleuve ; malheureusement, pour eux, les troupes royales s'étaient emparées des meilleures positions, et du plateau qui domine la plaine, elles firent pleuvoir la mitraille sur les patriotes et les obligèrent en peu de temps à cesser leurs feux. Alors commença la lutte corps à corps, lutte véritablement héroïque digne des temps antiques, où les mânes de Léonidas et de ses trois cents compagnons durent tressaillir d'envie devant un spectacle non moins admirable que celui des Thermopyles. Les Corses accablés par le nombre, avaient vu cinq cents des leurs tomber sur le champ de bataille ; leur courage n'en fut pas abattu. Ne pouvant sauver la patrie, ils résolurent de l'arroser de leur sang, pensant, qu'ainsi fécondée, elle donnerait le jour à des héros plus favorisés de la Fortune que ceux de Ponte-Nuovo.

Les Corses battent en retraite, s'écrient avec enthousiasme les soldats français ; poursuivons-les, et terminons, par la mort des derniers combattants, cette guerre qui dure depuis quarante ans. Les troupes royales vont s'élancer ; mais un obstacle inattendu, une barrière dont elles n'avaient pas le secret, les arrête toutes stupéfaites d'étonnement et d'admiration. Les Corses, pour protéger leur retraite, ont fait un mur de leurs morts ; et derrière ce sanglant rempart, cent héros s'apprêtent à mourir pour sauver les restes de l'armée nationale. Les blessés se traînent d'eux-mêmes parmi les morts, pour raffermir les rangs inanimés de ces héros, servant la patrie même après leur trépas ; et ce n'est qu'au coucher du soleil, que les Français purent se dire maîtres du champ de bataille de Ponte-Nuovo, qui leur fut disputé par cinq cents cadavres et cent vivants.

Paoli vit tomber les derniers défenseurs de Ponte-Nuovo, de la route de Rescamone, et il comprit que, par cette lutte suprême les destinées de sa patrie étaient accomplies. L'Angleterre lui avait fourni de l'argent, des munitions et des armes ; il avait espéré davantage des promesses du gouvernement qui, en réalité, était opposé à la conquête de la Corse. Lord Mansfield avait dit à ce sujet : « Le ministère est trop faible, et la nation trop sage, pour faire la guerre à propos de la Corse. » En vain Burke, le célèbre orateur adversaire de la Révolution française, s'était écrié : « La Corse, province de la France, est pour moi un sujet d'effroi ! » La chambre des communes approuva la conduite du gouvernement, et l'Angleterre se contenta d'offrir à Paoli vaincu une sympathique hospitalité. Il quitta la Corse sur une frégate anglaise le 12 juin 1769. Il éprouva une grande joie, et l'on dit même qu'il fit illuminer sa maison, le jour où il apprit que la Corse avait donné un maître à la France. Ce grand homme mourut dans un village près de Londres, le 5 février 1807. L'Angleterre lui fit des funérailles royales et déposa son corps dans l'abbaye de Westminster, où reposent les héros et les princes. Il légua à sa patrie des sommes considérables pour y fonder des écoles ; non pas qu'il se fût enrichi en gouvernant son pays, mais en vivant simplement, comme il avait toujours vécu, préférant une modeste aisance à la vie luxueuse qu'il aurait pu mener avec la pension annuelle de trente mille francs que lui octroyait le gouvernement britannique.

Paoli combattit la France pour conquérir l'indépendance de sa patrie. Champion de la liberté, il ne fut pas l'ennemi des principes de la Révolution française, mais il réprouva la hache régicide qui abattit la tête d'un roi trop faible, victime expiatrice des fautes de ses prédécesseurs. S'il avait vécu quelques années de plus, il aurait, sans nul doute, servi et adoré la France, cette terre d'héroïsme, de génie et de liberté, comme nous la servons et l'adorons nous-mêmes. Paoli appartient donc de droit à notre chère France ! Nous approuvons de tout cœur la décision prise par le conseil général de la Corse (dans sa séance du 14 septembre 1887) lequel a voté à l'unanimité la translation immédiate des cendres du général Paoli. C'est un dernier et suprême devoir qui lui restait à remplir envers le grand patriote.

Pascal Paoli réunissait à un extérieur grave et imposant, un caractère énergique, audacieux, une élocution entraînante et un grand courage.

« J'ai sucé avec le lait, disait-il dans une de ses lettres, l'amour de la patrie ; je naquis alors que ses ennemis en méditaient ouvertement la ruine. A l'exemple de mon bon père, les premières lumières de la raison m'ont fait désirer la liberté ; les plus désastreuses vicissitudes de l'exil, les périls, les douceurs d'une vie aisée, n'ont jamais pu me faire perdre de vue un si riche objet, le but constant de mes actions. » C'est avec ces sentiments que Paoli se présentait pour soustraire ses compatriotes à l'oppression génoise.

D'un esprit puissant, doué de qualités peu communes, d'un caractère façonné partie à l'antique, partie aux idées modernes ; guerrier et législateur, mais encore plus législateur que guerrier(1), il sut se servir des passions énergiques de ses compatriotes en comprimant leurs luttes intestines. « Il est

(1) Telle était l'opinion de Voltaire, plus juste à cet égard que celle de Frédéric de Prusse qui considérait Paoli comme le plus grand guerrier de son temps.

encore, en Europe, un pays capable de législation ; c'est l'île de Corse. La valeur et la constance avec lesquelles ce brave peuple a su recouvrer et défendre sa liberté, mériteraient bien que quelque homme sage lui apprît à la conserver. J'ai quelque pressentiment qu'un jour cette petite île étonnera l'Europe. » Paoli rêvait pour la Corse une constitution idéale ; il la demanda au philosophe qui avait écrit ces lignes flatteuses et justes : à Jean Jacques Rousseau. Cette pensée glorieuse, il ne put la mettre à exécution ; la guerre, l'implacable guerre, absorbait son activité, et le grand philosophe, malade, exilé de sa patrie, sans asile, n'avait pas la force d'entreprendre une œuvre aussi colossale. Par ce que Paoli fit, on peut se rendre compte de ce qu'il aurait été capable de faire, si le sort des armes lui avait été favorable, s'il avait pu conquérir l'indépendance de sa patrie.

Il n'essaya pas de supprimer la vendetta, mais la tempéra. Il organisa et purifia l'administration et la magistrature en jetant au feu les codes génois ; amas gothique d'iniquités où les sujets de la République trouvaient protection même pour les crimes, et où les Corses étaient frappés des peines les plus infamantes pour de simples délits.« Il faut, disait-il, que notre administration ressemble à une maison de cristal, où chacun puisse voir ce qui s'y passe. Toute obscurité mystérieuse favorise l'arbitraire du pouvoir, et entretient la méfiance du peuple. Avec le système que nous suivons, il faudra bien que le mérite se fasse jour, car il est presque impossible que l'intrigue résiste à l'action épurative de nos élections générales et fréquentes.»

L'armée c'était la nation : tous étaient soldats de dix-huit à soixante ans, y compris les ecclésiastiques. Paoli fit aussi preuve d'une grande habileté avec le clergé. Il se servit du pape pour chasser le haut clergé soutenant Gênes d'où lui venaient les grasses prébendes; il se brouilla avec lui, en soumettant à la loi les justices ecclésiastiques; voulant la justice égale pour tous, inflexible, pour le riche comme pour le pauvre.

Par ses vertus, par son génie, il fit aimer et admirer ses compatriotes. L'Europe voyait la Corse incarnée dans Paoli. L'armée française, ses officiers, Marbeuf, Dumouriez, combattaient avec chagrin ce peuple qu'ils considéraient comme frère, souhaitaient ardemment la paix. Lors de la première expédition, en 1738, ne vit-on pas les soldats français se joindre aux Corses pour battre les Génois qu'ils étaient chargés de secourir; soixante ans plus tard, on verra de même les Français et les Corses ne faisant plus qu'une même armée et une même patrie, anéantir l'orgueilleuse république ligurienne; on verra les ambassadeurs de Gênes implorer à genoux la clémence d'un enfant de cette île, qu'ils avaient opprimée pendant des siècles, mais qu'ils n'avaient jamais pu conquérir.

Lorsque la Constituante ouvrit aux proscrits corses les portes de leur patrie, Paoli se rendit à Paris et se fit présenter par Lafayette à Louis XVI qui lui donna le titre de lieutenant général, avec le commandement militaire de la Corse ; quelque temps après, il fut élu à la présidence de l'administration de l'Ile. Il accepta et vit avec joie la prise de possession de la Corse, car c'était le bonheur assuré pour un peuple opprimé depuis des siècles ; mais quand vinrent les grands orages de la Révolution française, par ressentiment contre elle, par haine contre la hache régicide du 21 janvier 1793, il travailla à soulever ses compatriotes ; et ce n'est que lorsqu'il vit la France acclamer

Napoléon Bonaparte dont il avait prophétisé la glorieuse destinée, qu'il accepta, sans amertume, l'annexion définitive de la Corse à la France. Il dut moins regretter l'indépendance de sa patrie, en songeant que la Corse avait donné un maître à ses maîtres.

NOUVELLE

PAYSAGE SICILIEN

Un Tremblement de terre

à Palerme

PAYSAGE SICILIEN

UN TREMBLEMENT DE TERRE A PALERME

Un demi cercle de montagnes, une vallée qui a environ trente lieues de superficie, et qui s'étend jusqu'à la mer où Palerme se baigne ; voilà ce qu'on appelle la Conca d'Oro.

Ce nom, d'une origine ancienne, est peut-être dû à la beauté du paysage et à la fertilité du sol. Les montagnes, peu élevées, blanchâtres, pierreuses, escarpées, laissant à peine croître, sur leurs cimes nues, une herbe rare et maigre, rappellent les montagnes de l'Afrique. Dans les fentes inaccessibles, verdoient les cytises, les térébinthes et les euphorbes ; sur les côtes, s'élèvent les figuiers d'Inde, les vignes, les sumacs et les oliviers ; et, dans la vallée, près d'un bosquet fleuri d'orangers, se trouvent toutes les plantes des climats chauds : les grenadiers, les palmiers, les néfliers du Japon et les frênes.

Entre deux rives enchantées, l'Oreto, une petite rivière aux flots diamantés, serpente mollement.

La vallée est souvent couverte de vapeurs que le soleil colore en rose, et que le vent fond ou réunit en mille formes bizarres.

L'œil du voyageur reste pensif, et son âme rêveuse, lorsque, à certaines heures, à l'aube et au coucher du soleil, il voit le ciel et la mer se colorer de tons dorés et rutilants; lorsque les cimes des montagnes, se détachant précises et nettes dans le lointain, lui apparaissent toutes resplendissantes d'une lumière magique ; lorsque, ses sens surexcités par les senteurs embaumées des orangers, subissent, durant de longues heures, d'exquises impressions, ressentent de molles et âcres aspirations.

D'un côté, la Conca d'Oro est fermée par le mont Pellegrino, sur lequel se trouve enclavé l'ermitage de Santa-Rosalia ; de l'autre côté, au pied du Catalfano, la vallée se prolonge et laisse entrevoir les blancs villages et les splendides villas, qui surgissent de tous côtés au milieu des arbres.

La Favorita, un petit palais royal, la Belmontina, une demeure enchantée, ressortent au premier plan ; plus loin, l'Olivuzza, avec ses balustrades, ses terrasses à colonnes, ses jardinets suspendus, rivalise de splendeur avec trois opulents palais moresques.

Les jardins sont séparés par des grilles, derrière lesquelles on aperçoit les habitants du lieu faisant la récolte des citrons, et cueillant les fraises.

Dans les villages, les femmes lavent, à genoux, au bord des ruisseaux, et étendent leur linge au soleil, sur de longues cordes. Ici, un boucher gras et mou, dort sur le seuil de sa boutique ; là, le marchand de pastèques fournit aux passants de quoi manger, boire, et se débarbouiller la figure pour un sou.

Les voitures sont rares et pauvres ; tirées par des rosses épuisées, qui ne se soucient ni de la voix des cochers, ni des coups, ni du bruit assourdissant des grelots ; on dirait presque que c'est l'automédon qui traîne le cheval et la voiture.

Les charriots sont généralement petits, hauts, à deux roues, et conduits par des mulets ; l'intérieur est de fer travaillé, et l'extérieur est peint en jaune, orné de figures bizarres: soldats, moines, religieuses, madones, dragons ailés, et christs martyrisés.

Palerme s'étend dans une grande plaine, au pied du mont Pellegrino, qui la défend des vents du nord. Vue pour la première fois, ou après une longue absence, elle produit une singulière impression. Une nuée de vapeurs l'étreint tout autour, et la teint de couleurs chaudes et variées à l'infini ; le regard est séduit par le plus magnifique panorama qui se puisse voir. Comme à travers un prisme, sur un fond de lumière rose et orange, on aperçoit confusément la ville, les montagnes, les villages et les villas ; le spectacle est si nouveau, si beau, si attrayant, que le cœur bat plus fort, pénétré d'une douce émotion ; on est encore éloigné de la ville, et, cependant, la pensée impatiente plane au-dessus, et devine les surprises qui l'attendent.

Une fois descendu à terre, on se croirait sans peine dans une ville construite par des Italiens, par des Espagnols, et par des Mores assemblés. Le beau et le laid, le grandiose et le mesquin se confondent ; l'opulence et la misère se donnent sans cesse la main.

Chaque domination a laissé son empreinte sur les édifices publics et sur les maisons : ici, est une église qui était une mosquée ; là, se voit un palais qui servait autrefois d'arènes ; plus loin, un enchevêtrement de rues tortueuses, sans air et sans lumière, de masures que le moindre souffle du vent ferait tomber en ruines : quelque chose, en un mot, comme l'aspect du bas port de Naples.

Dans les villas, près des jardins suspendus, où fleurissent les jasmins d'Arabie, les orangers et les citronniers, on voit apparaître, nonchalemment accoudées sur leurs loges de bois peint, les charmantes et indolentes Siciliennes, pareilles aux odalisques du Harem.

Les pyramides, les coupoles et les clochers incrustés de majoliques s'élancent de toutes parts dans les airs, et resplendissent de mille rayons sous le ciel azuré et diaphane, d'une teinte bleue toujours égale.

Dans les rues, tantôt droites et longues, tantôt sinueuses, l'on voit une foule bigarrée, quelque peu négligée dans sa tenue.

Les marchands de poissons, de fruits, de légumes, tenant un grand panier et une balance, étalent leur marchandise sur les marchepieds, devant les portes des pharmacies et des endroits où les personnes élégantes fument et prennent l'air.

De temps en temps, à l'angle d'une rue, on aperçoit l'image de quelque Madone peinte, ou sculptée, auprès de laquelle les gens du peuple disent un *Ave Maria*. Dans les palais, comme dans l'habitation du pauvre, on croit en Dieu, et on craint le diable ; les servantes consultent la sorcière du carrefour, les maîtresses consultent leur confesseur. On tire l'horoscope à chaque événement ; le livre des songes est la Bible du peuple.

Vers le soir, lorsque la température est devenue plus fraîche, le monde élégant se dirige vers la promenade, la seule distraction, le seul divertissement, dont on puisse jouir à Palerme durant une grande partie de l'année.

Les femmes, comme partout ailleurs, aiment aller en voiture ; les Siciliennes tout particulièrement. Aussi, toutes celles qui n'en ont pas, monteraient-elles volontiers sur la voiture du diable, si celui-ci était assez galant pour les conduire à *la Marina,* ou au *Jardin Anglais.*

Le Jardin Anglais n'a rien à envier au fameux jardin des Hespérides. On y arrive par un long et étroit sentier orné de platanes, d'orangers, d'oliviers et d'amandiers, à l'extrémité duquel surgissent un monastère gothique et une villa somptueuse ; d'un côté, la campagne est limitée par la mer, de l'autre, par un cercle de montagnes pittoresques.

Les senteurs embaumées des plantes tropicales, le frou-frou des robes de soie, le doux zéphyr des éventails incessamment agités, les regards langoureux des belles Siciliennes, énervent les sens, troublent l'intelligence et enflamment le sang.

Imaginez-vous une spacieuse allée d'où vous voyez les anciennes murailles de la ville, et une longue file de palais presque tous ornés de terrasses, de balcons, de coupoles et de kiosques ; et, dans une espèce de loge, près de la mer, un orchestre d'environ cinquante musiciens : c'est la *Marina*.

L'horizon est vaste, pittoresque, tout resplendissant des feux diamantés de la lune et des étoiles. Les notes mélodieuses de l'orchestre, se confondant avec le doux et suave murmure de la mer, donnent l'idée d'une harmonie céleste dont les échos de la terre répercuteraient les sons.

Sur la mer, glissent, silencieuses et lentes, les barques des pêcheurs d'éponges, éclairées par des lampes fumeuses, à la lueur desquelles l'onde paraît s'enflammer ; l'eau soulevée par les rames, semble retomber comme une pluie phosphorescente et

Du flot qui, tour à tour s'avance et se retire
L'œil aime à suivre au loin le flexible contour :
On dirait un amant qui presse, en son délire,
La vierge qui résiste et cède tour à tour (1).

Il est huit heures.

Il est nuit ; mais la nuit sous ce ciel n'a point d'ombre:
Son astre, suspendu dans un dôme moins sombre,
Blanchit de ses lueurs des bords silencieux
Où la vague se teint du bleu pâle des cieux (1).

Le ciel est toujours pur, l'air toujours imprégné de senteurs orientales.

La lune est dans le ciel, et le ciel est sans voiles
Comme un phare avancé sur un rivage obscur,
Elle éclaire de loin la route des étoiles,
Et leur sillage blanc dans l'océan d'azur(1).

A l'appel des premiers sons harmonieux de l'orchestre, défilent comme en une magique apparition, les belles et élégantes Siciliennes toutes fières de leurs grâces divines, et majestueusement drapées dans leurs plus fines et leurs plus artistiques mantilles.

Des commis, que l'on reconnaît à leur tenue un peu négligée, passent auprès des dames, avec des airs de grands seigneurs ; des *élégants*, mis avec distinction, le monocle à l'œil, frisés, pommadés, rasés de frais, fument avec affectation des cigares qu'ils

(1) Lamartine.

proclament cent fois exquis, et envoient, de côté et d'autre, des saluts respectueux et solennels; des bersaglieri en grande tenue, chamarrés et astiqués, plus fiers que l'oiseau dont ils portent une plume sur leur chapeau, complètent cette foule oisive, toujours à la recherche du plaisir.

La Marina est envahie ; le *Tout-Palerme* est là, se délectant de sorbets, et s'enivrant d'harmonie. Les Siciliennes sensibles et passionnées, bercées par *Il Barbiere di Siviglia* de l'immortel Rossini, les yeux mi-clos, cherchent à former des songes élyséens dans leur ardent cerveau. Les hommes, plus difficiles à attendrir, battent la mesure et accompagnent l'orchestre en chantant la jolie cavatine d'Almaviva :

« Ecco ridente il cielo.

....

En un coin retiré, piétinant le vert gazon, des belles filles et des beaux garçons, l'œil en feu, amoureusement enlacés, dansent avec passion, gaîté et insouciance.

Tout à coup, le ciel s'obscurcit, la lune devient blafarde, les étoiles se couvrent d'un noir manteau; les chevaux hennissent, les chiens aboient, les oiseaux épouvantés, presque étourdis, entrent dans les maisons ;

les rats et les souris, affolés, sortent de leurs trous ; les mâts des bateaux rompent leurs haubans ; en vain le marin, dont le vent tord la fragile voile, cherche-t-il, au sein de l'azur, l'astre au regard de feu : il ne voit que le ciel livide, la mer noirâtre, agitée par d'immenses secousses qui élèvent ses vagues écumantes à des hauteurs prodigieuses ; il n'entend que les grondements furieux du tonnerre souterrain et les cris éperdus des animaux en fuite : signes précurseurs d'une catastrophe terrible.

Des nuages horribles, gris, noirs, en feu, s'entr'ouvrent et paraissent vouloir éclater. Pareils à de colossales fusées allumées par un Titan-artificier, des éclairs s'en échappent, rapides, sans interruption.

En une seconde, la terre comme bouleversée par des tremblements convulsifs, parut se soulever, faisant d'abord entendre un bruit sourd semblable à un cliquetis de chaînes entrechoquées, puis, des décharges formidables d'une artillerie cent fois plus puissante que celle de l'antique Jupiter.

Les hommes, les femmes, les enfants, crient, pleurent, courent, s'agenouillent, se couchent, se regardent, désolés, tremblants. A travers les rues, passent, comme un ouragan, les chevaux qui ont rompu leurs licous et se sont enfuis des écuries ; puis ils s'arrêtent subitement et s'étendent pour ne pas être renversés.

Au centre de la place, la terre s'est ouverte, et l'orchestre a disparu: cent, deux cents,... mille personnes sont englouties à jamais dans cette fosse monstrueuse ; pêle-mêle, amis, ennemis, hommes, femmes ; côte à côte, ils vont dormir leur dernier sommeil dans ce cercueil immense : la terre ! qui vient de prendre sa proie. Le tribut quotidien de l'impitoyable Faucheuse ne lui suffit plus ; elle hâte la besogne.

Les collines s'écroulent, comblent les vallées de leurs débris, les maisons s'effondrent avec fracas, les orangers et les grenadiers se plient et battent la terre de leurs têtes. Arbres, rochers, villas, palais, églises, tombent comme emportés par un torrent fougueux, semant la terre de leurs ruines.

L'Oreto, cette petite rivière aux flots diamentés mugit, pareille à un taureau furieux.

Les mères, de plus en plus alarmées, tiennent leurs enfants violemment pressés contre leurs seins, tant elles redoutent à chaque minute un nouveau tremblement.

Que de victimes ! que de désastres en quelques secondes ! Par milliers sont les morts ; par millions se chiffreront les dégâts.

La terre a fini de gronder, le ciel s'est éclairci ; la lune, les étoiles, apparaissent, lumineuses, plus étincelantes que jamais. Les navires voguent paisiblement sur une mer calme, et les marins, agenouillés sur le tillac, invoquent la Madone, leur patronne miséricordieuse.

Cependant, si la terre et l'océan sont apaisés, il n'en est pas de même des humains.

Au bruit sinistre des élément sont succédés les gémissements et les pleurs des pères, des mères et des enfants. Des femmes courent à la Marina, les yeux hagards, les cheveux en désordre, pour y chercher les unes, leur époux, les autres, leur fils ou leur fille.

Pleurez, pauvres mères ! épouses infortunées ! la terre vous les rendra peut-être ; mais atrocement mutilés, les membres broyés, défigurés, méconnaissables. Mieux vaut pour vous qu'ils demeurent introuvables.

O amour maternel ! sublime amour ! Une femme, une mère, est arrivée à la porte de sa maison à moitié effondrée. Elle a laissé son enfant, un chérubin de dix-huit mois, couché dans son berceau,

— Serait-il enseveli sous cet amas de pierres calcinées et de cendres chaudes ?

— Non ! mon Dieu ! vous êtes juste, vous êtes bon. Vous aurez eu pitié de cet innocent.

— Il était si gentil, il aimait tant la bonne Sainte-Vierge !

Vouloir monter dans ces ruines, c'est une folie, lui dit-on. Vous ne pourrez trouver votre petit : vous allez vous tuer

— Peu m'importe ! j'y vais ; la Madone me dit qu'il est vivant.

Elle court, elle monte, puis une minute après, elle apparaît tenant son enfant dans ses bras.

— Il est sauvé ! Il est sauvé !

Tout à coup, on entend un bruit sourd ; quelque chose s'effondre. Un cri de stupeur traverse la foule ; la terreur est sur tous les visages. Mille personnes se précipitent sans songer au péril.

Jésus ! Marie ! malédiction !

La pauvre mère est étendue sans vie, les jambes broyées. Cependant son visage ne reflète aucune trace d'angoisse ; au contraire, il est calme, il sourit presque. C'est qu'elle a vu son enfant vivant. En effet, ô miracle ! il est là, près d'elle, la tête appuyée sur son cœur, sur ce cœur qui vient de palpiter une dernière fois pour lui.

Mignon, tout rose, il tend les bras vers la multitude, et de ses grands yeux bleus humides, il semble vouloir dire : « Je suis orphelin : sauvez-moi ! j'ai besoin d'amour : donnez-moi une mère ! donnez-moi un père ! »

Il trouve sans peine une famille adoptive. Les âmes généreuses sont moins rares dans ces moments terribles. Les hommes sentent mieux qu'ils ont un cœur, et qu'ils sont nés pour s'aimer, pour s'entr'aider, et non pour se haïr.

Quatre jours se sont écoulés. On a creusé la terre de tous côtés dans l'espoir d'y trouver encore des vivants. A la Marina on a déterré des centaines de cadavres dans un amoncellement épouvantable. On voit des danseurs écrasés les uns contre les autres, tous dans un état affreux.

On sort, encore vivante, une jeune fille tenant un petit enfant dans ses bras : son frère, sans doute. Durant quatre jours ils étaient restés tous deux sans manger : lui venait de mourir le matin même ; sa sœur s'évanouissait à chaque instant. On la sauva, néanmoins, à force de soins.

Des morts, des blessés, des ruines, la misère, le deuil, là où l'on voyait la vie, la santé, la joie, la splendeur.

Somptueux palais écroulés, nobles familles éteintes vous étiez comme dit le poète :

> ... du monde où les plus belles choses
> Ont le pire destin.

Hier, vous étiez tout. Aujourd'hui, rien.

« Terre élève ta voix ; cieux répondez : abîmes,
« Noir séjour où la mort entasse ses victimes,
« Ne formez qu'un soupir !
« Qu'une plainte éternelle accuse la nature,
« Et que la douleur donne à toute créature
« Une voix pour gémir ! (1)

(1) V. Hugo.

CONTES DE NOEL

CONTES DE NOËL

Oh ! que le bruit charmant de nos cloches sacrées
Entre chez moi, le soir, avec le vent du ciel.
Ma fenêtre est ouverte, entrez, voix adorées
    Des âmes éplorées
Vous êtes à la fois et le lait et le miel

N'est-ce pas une date touchante, pleine d'aimables souvenirs, que ce jour du 25 décembre, où toutes les tendresses de la famille, les plus doux sentiments du cœur, se répandent sur les petits enfants, qui sont le bonheur et la gaîté de la maison. La veille, les mères ont couru toute la journée, par un froid glacial, afin de choisir les plus beaux jouets, les friandises préférées. Le soir, dans la cheminée encore toute fumante, l'enfant a mis à côté de ses petits souliers — trop petits selon lui, — les grandes bottes de son père, et il s'est endormi du paisible sommeil de l'innocence, rêvant au petit Jésus qui apporte des joujoux et des bonbons aux enfants sages, et au terrible Croquemitaine dont les verges sont si redoutées des petits polissons. Mais, l'Enfant Jésus passe toujours, et passe sans oublier. Chacun a sa petite part; les plus riches sont plus splendidement partagés; mais les autres, moins fortunés, sont tout aussi heureux : car il est vrai, qu'à cet âge, la valeur de l'objet ne compte pas dans le bonheur de la surprise.

On n'oublie pas, non plus, les malheureux, et ils savent bien que le jour de Noël, le cœur et la main s'ouvrent plus largement que de coutume.

Là bas, bien loin, dans les montagnes de la Savoie, se trouve une chétive cabane toute couverte de neige, où toutes ces douceurs sont inconnues, où cette grande fête n'est presque pas remarquée.

Pourtant, c'est le jour de Noël! Des enfants sont là, aussi, écoutant les cloches qui lancent dans les airs leurs bruyants et sonores carillons pour célébrer la naissance du Sauveur. Le cœur de la malheureuse mère se brise en entendant ce joyeux appel qui, pour elle, sonne le réveil de sa misère ; les larmes lui viennent aux yeux en regardant ses enfants presque nus, affaiblis par les privations. Ils n'ont pas pensé au petit soulier et aux gaies trouvailles, les pauvres innocents dont le seul cri d'allégresse est : « Maman, j'ai faim ! »

Surmontant sa douleur, la mère fait venir auprès d'elle son aîné, un maigre bambin de dix ans, et lui dit : « Pars, mon enfant, pars travailler, et lorsque tu auras gagné quelque argent, reviens vers nous, nous dire adieu une fois encore. Que Dieu te protège ; nous le prierons pour qu'il guide tes pas, et pour qu'il t'aide à vivre loin de nous qui ne pouvons plus te nourrir. » Elle lui mit, dans un chiffon, un morceau de pain et une tranche de lard ; et, les yeux baignés de larmes, elle l'embrassa une dernière fois !... Bien triste, et tout grelottant dans ses haillons, le pauvre enfant est parti, pleurant sur son malheur, sur cette pauvre chaumière où il a passé son enfance, pleurant sur l'inconnu de sa destinée...

Et, dans les campagnes, à travers les bois, résonnent les bruyants et sonores carillons des cloches qui célèbrent la naissance du Sauveur.

Ses maigres provisions épuisées, il va de porte en porte, demandant un petit morceau de pain. Et partout, on lui dit : « Où vas-tu comme cela, mon pauvre petit ? » et il répond : « Je vais à Paris, mes bonnes gens, pour travailler et gagner de l'argent ! » Hélas ! s'il savait ce qu'il doit y trouver ! Et cependant, si on le lui disait, il ne le croirait pas car ce nom, Paris ! résonne à ses oreilles pareil au joli tintement de l'écu, l'unique écu qu'il vit, un jour, dans les mains de sa pauvre mère.

Après bien des fatigues, après bien des privations, il arrive enfin dans la grande ville. Il tremble en entendant tout ce bruit, il pleure en voyant tout ce monde passer à côté de lui d'un air indifférent, le repousser même brutalement pour ne pas se souiller à ses haillons. Abandon, mépris, dégoût ; il ne voit plus que cela ! Ses oreilles bourdonnent, ses yeux gonflés par les pleurs se ferment ; il se couche sous une porte, étourdi, anéanti, par la faim et par les regrets. Il était dans cette position douloureuse depuis un certain temps, quand il entendit un cri qu'il ne distingua pas tout d'abord ; il écouta plus attentivement et, cette fois, il comprit : une voix d'homme avait jeté cet appel qui fait tressaillir le pauvre dans sa mansarde lorsqu'il se fait entendre pour la première fois : « Haut en bas ! haut en bas ! »

A l'angle d'une rue, il aperçoit un homme tout noir, suivi d'un tout petit enfant plus noir encore. Ces figures, dans leur laideur, lui apparaissent sympathiques et compatissantes ; un entraînement irrésistible le pousse à sa vocation : il devient ramoneur. Levé le matin, à la pointe du jour, ayant pour toute nourriture un morceau de pain noir aussi dur que le cœur de son patron, il part pour accomplir son labeur quotidien. Et, toute la journée, le petit ramoneur lance aux échos de la rue, son refrain d'une monotonie désespérante : « Haut en bas ! haut en bas ! » Lorsque la nuit vient, il rentre au logis et le patron lui donne sa ration habituelle : morceau de pain noir accompagné d'un verre d'eau, et bien souvent après l'avoir roué de coups, pour se refaire la main, il l'envoie coucher dans un grenier infect, rempli de grosses araignées qui lui font bien peur ; car les gens qui exploitent ces petits malheureux, n'ont aucune pitié de leur faiblesse et de leur infortune, les sachant sans protection et sans défense.

L'été, on lui donnera une marmotte, et il ira mendier dans les rues, arrêtant chaque passant, pour lui demander un petit sou. Le soir, si la recette n'est pas bonne, il sera battu, pauvre martyr ! Et le petit ramoneur ne se plaint pas ; malgré ses souffrances, il rêve encore aux blancs sommets des montagnes de son cher pays, aux belles petites marmottes chétives et indolentes, et, de ses yeux épuisés par les pleurs, tombe encore une douce larme car il voit en songe la cabane au toit de chaume où sa vieille mère prie pour lui chaque jour ; il entend, venant des cieux étoilés, la voix caressante de son père qui lui dit : « Courage, mon enfant, courage ! je veille sur toi. »

O vous, enfants, qui avez eu, dans votre berceau, l'heureux sourire de la fortune, cette déesse aux ailes d'or, ne vous moquez jamais de la noire figure du petit ramoneur; partagez avec lui vos joujoux de Noël, donnez-lui le petit sou que vous avez dans votre poche : avec cela, il sera heureux, et, le soir, en se couchant sur son grabat, il vous bénira ; et l'ange des songes lui apparaîtra dans son sommeil paisible, lui donnera de grandes richesses, le rendra possesseur d'une belle maison, bien blanche, dans son village de Tarentaise. Sachez-le bien, mes amis : sous ses haillons sordides, comme sous vos beaux habits brodés, bat un bon petit cœur, lequel ne demande qu'à être réchauffé par l'amour et par la charité.

La grosse horloge de la cathédrale de Saint-Paul a sonné minuit ; et, en entendant cette heure joyeuse, la vieille Angleterre a tressailli d'allégresse. Christmas ! Christmas ! (1) apparaît suivi de la folle troupe de ses fils et de ses filles : *Misrule*-le désordre, *Carol*-la chanson, *Minced-pie*-pâté d'émincé, *Wassail*-l'orgie, et *Plum-pudding*-le gâteau national. Les fours des boulangers regorgent de monstrueux rosbifs, de selles de mouton énormes, de hures colossales de sangliers, apportés par de modestes ménagères ; les broches tournent avec une vitesse vertigineuse, les cheminées fument sans arrêt, les lampions, les réverbères, les torches, les bougies, donnent un peu de clarté dans la nuit brumeuse. Les boutiques sont plus coquettes, plus riches que jamais, et rivalisent d'approvisionnements stupéfiants pour attirer les amateurs. Les bouchers, les charcutiers, les pâtissiers, les épiciers, les boulangers, tapissent de branches de houx et de lierre l'intérieur et l'extérieur de leurs établissements; et ce serait une honte pour toutes les cuisinières de la Grande-Bretagne, si elles oubliaient de suspendre ce gracieux symbole aux vitres de leurs fenêtres; de même que ce serait un crime de lèse-patrie, si, le 25 décembre, un Anglais ne sacrifiait

(1) Nom anglais de Noël.

pas à la goinfrerie, à l'indigestion, au bœuf, au minced-pie et au plum-pudding, les grands dieux de la fière Albion ; mais n'ayez crainte : John Bull actuel est bien digne de ses pères, et Jacques Bonhomme, qui est un grossier jaloux, a le droit de lui contester sa loyauté et sa galanterie, mais il ne pourra jamais lui reprocher de n'avoir pas un bon ventre...

Il y a deux siècles, chaque famille noble élisait un *Lord of Misrule* (roi de désordre) dont le règne était moins néfaste que celui de bien des rois, attendu qu'il avait pour premiers ministres la chanson, la danse, le rire et le gin, (1) et qu'il était souverain depuis la Toussaint jusqu'au lendemain de la Pentecôte. Ses fonctions consistaient à présider aux jeux et aux folies de tous ses sujets, lesquels s'ingéniaient à inventer des divertissements extraordinaires. Il choisissait une centaine de gourmands de son espèce chargés de le servir et de le garder ; chaque homme recevait une livrée verte, jaune ou rouge, s'affublait de rubans, d'écharpes et de dentelles, et s'attachait à chaque jambe de nombreuses clochttes.

Une fois cette troupe grotesque organi-

---

(1) Eau-de-vie de grain.

sée, le roi se rendait à l'église et au cimetière, au son des fifres et des tambours, suivi par des cavaliers fantastiques, montés sur des chevaux de carton ou chevauchant avec rage sur de longs balais. Essoufflés, riant, dansant, chantant, ils s'installaient sous des berceaux de feuillage construits au milieu des tombes ; et là, sur des tables improvisées, ils digéraient des puddings et des morceaux de viande qu'aurait enviés Gargantua.

Et, à travers le brouillard intense de Christmas, on entendait chanter, par cent voix différentes, un vieux carol : celui que les anges chantèrent aux bergers :

Christo paremus canticum, excelsis gloria
When Chryst was born of Mary, free,
In Bethlehem, that holy citee
Angels sang with mirth and glee,
   In excelsis gloria.

....

Préparons des cantiques à la gloire du Christ.
Lorsqu'il naquit de Marie,
Dans Bethléem, la ville sainte,
Les Anges chantèrent avec allégresse
   Gloire au plus haut des cieux.

....

Christmas ! Noël ! quels doux noms bien faits pour la poésie, et comme ils semblent retentir à nos oreilles remplis d'un pouvoir magique. En ce bienheureux jour, ne voit-on pas disparaître toutes les jalousies, toutes les petites rancunes, toutes les haines qui avaient rendu si tristes et si lamentables les 360 jours écoulés ; et quel bonheur ce serait, pour les peuples, de voir se prolonger, durant l'année entière, cette fête populaire toute d'amour et de gaîté.

Si le pauvre a sa part des réjouissances qui se font dans la maison du riche, dans les campagnes, on n'oublie pas, non plus, les petits oiseaux qui ne trouvent plus de fruits sur les arbres, plus de grains dans les champs couverts de neige, pas le moindre vermisseau sur la terre glacée, pas le moindre moucheron dans l'air. Dès l'aube, le chef de la famille monte sur le faîte de sa maison et y attache solidement, aidé de ses enfants, une forte gaule empanachée d'une énorme gerbe de blé non battue, pour servir au festin de Christmas des pauvres petits transis et affamés qui se précipitent dessus, de tous les points de l'horizon, n'attendant même pas que leurs bienfaiteurs soient descendus.

Et il y a fête dehors, aussi bien que dedans ; et, la faim apaisée, on chante

Christmas, sur le toit couvert de neige, comme autour du foyer flambant qu'emplit un énorme tronc de sapin. De temps en temps, le concert intérieur s'interrompt pour laisser pénétrer les accords du concert extérieur, qui n'est pas moins joyeux ; car, aux gaies chansons de la famille, se mêlent les roucoulements reconnaissants des petits oiseaux.

— « C'est aujourd'hui Christmas, ma mère et mes petits frères meurent de faim. Secourez-nous, mon bon gentleman ! » Ainsi parlait une petite fille d'environ sept ans, aux cheveux roux et à la figure maladive, qui venait de m'accoster à l'extrémité du London-bridge. Le but de ma promenade nocturne étant de parcourir l'East-End afin d'y chercher quelque misère à soulager, je dis à ma petite interlocutrice de me conduire auprès de sa mère.

Un brouillard intense planait au-dessus de la Tamise, et la neige tombait, tapissant d'un blanc manteau les noires maisons de Spitalfields (1). Dans le Borough, (2)

---

(1) Partie du quartier de Londres appelé East-End, occupé par les fileurs de soie.
(2) Quartier des Artisans.

les cabarets, les clubs et les tavernes étaient illuminés; et, du dehors, on entendait les bruyantes chansons et les rires sonores des tisseurs, des tanneurs et des brasseurs fêtant Christmas et fraternisant avec le dieu brandy.

La petite Fanny me montra le chemin : une masure dont les sombres murailles étaient à peine voilées par la blancheur de la neige, un escalier de bois vermoulu craquant sous les pieds, puis au fond d'un couloir humide et nauséabond, au sixième étage, une pauvre mansarde n'ayant pour tout ornement qu'une paillasse sordide, deux escabeaux branlants, et un vieux poêle qui n'avait pas reçu, durant tout l'hiver, le moindre morceau de charbon.

Le père, William Barloo, un vieil ouvrier tisseur laborieux et honnête, était mort depuis huit jours d'une fluxion de poitrine, laissant dans le plus extrême dénûment, dans la plus noire misère, sa femme avec trois enfants : deux petits garçons et la petite Fanny, la grande sœur de dix ans.

La veille, le petit Henry était mort, empoigné à la gorge par l'horrible mal qui terrasse les enfants, pareil au tigre furieux étouffant la faible gazelle ; mal dont le nom

seul fait tressaillir les entrailles des mères : le croup ! le hideux croup ! Il était là, étendu raide et glacé sur le grabat. Une chandelle vacillante éclairait de sa lueur blafarde ce navrant tableau......................
....

— Il faut que vous me débarrassiez le plancher immédiatement ; je vous ai déjà fait avertir ce matin et ma patience est à bout. Faut-il que j'aille chercher l'alderman pour qu'il nettoie ma maison ?

— Non, non, ce n'est pas possible, mon bon monsieur Jacobs, je vous en supplie, à genoux.... vous voyez bien, je suis une pauvre mère.... mon petit Henry qui était si gentil, il est mort hier, il est là, vous le voyez, n'est-ce pas ? Laissez-nous seulement le temps de l'enterrer, et puis nous nous en irons ; mais tout de suite, c'est impossible ; encore une fois, ayez pitié, monsieur Jacobs : c'est aujourd'hui Christmas !

— Comment ! vous avez un mort, chez moi, dans ma maison, et vous voulez m'apitoyer. Foi de Jacobs père et fils, ces gens-là sont fous. Ils ont un mort, et ils ne comprennent pas que je ne puis pas louer la chambre où a séjourné une pareille vermine ! Quels gueux, Seigneur ! Quels gueux !..

— Vous êtes un misérable, un monstre, dis-je au cruel propriétaire. Tenez, voici cent francs, payez-vous, et sachez que toutes les fois que je vous rencontrerai je vous saluerai ainsi.... et je lui appliquai deux formidables coups de poing sur sa face apoplectique................. ....
....

Une heure après, la pauvre mère était installée avec ses enfants dans une des maisons les plus confortables de Spitalfields. Le petit mort était couché dans un berceau bien blanc, entouré de rideaux couleur d'azur et sur sa figure violacée venaient s'abattre les gais et étincelants rayons des mille bougies d'un grand arbre de Noël... Et le petit frère et la petite sœur l'appelaient bien tendrement, lui montrant les jolies surprises de Christmas ; mais le petit Henry ne répondait pas : il fêtait Noël dans le royaume des anges.

APPENDICE

APPENDICE

Documents extraits du travail de l'abbé Martin Casanova de Pioggiola, sur l'origine de Christophe Colomb.

Nous pouvons donner de longs extraits des actes qui prouvent l'existence de la famille Colombo, à Calvi : il nous suffira de parler de quelques-uns :

« Dans les chapîtres ou règles des confrères de la ville de Calvi, année 1530, on parle de Colombo Nicolas.

Dans les archives du notaire Petrucci, année 1570, on parle d'un Colombo de Calvi.

Dans les archives du notaire Colonna-Ceccaldi, on trouve que les actes de la Ville de l'année 1775 à l'année 1784, ont été faits par Colombo de Calvi.

Dans le répertoire du notaire Cataneo, on trouve l'acte de Philippe Colombo de Calvi.

Le notaire C. M. Panattero nous a transmis le contrat de mariage de Colombo de Calvi, en l'année 1738.

Dans les archives de l'état civil de la ville de Calvi, nous trouvons de 1782 à 1784, les actes de naissance de deux Colombo et l'acte de décès d'un Colombo de Calvi.

Dans les registres paroissiaux de la ville de Calvi on trouve les actes de baptême de Toussaint Colombo, de Dominique Colombo, de Marie Colombo, de Philippe Colombo, et l'acte de mariage de François Colombo avec Rosa Fortuna.

Dans les registres des décès de la confrérie de Calvi, nous trouvons les actes de décès d'Etienne Colombo, de Philippe Colombo et de François-Marie Colombo.

Il y a à Calvi, de temps immémorial, une rue du nom de Colombo.

La rue Colombo s'appelait au XVe siècle rue del Filo, c'est-à-dire, rue des cardeurs et des tisserands.

Or, tout le monde sait que Dominique Colomb, père de l'Amiral, était cardeur de laine ou tisserand.

On voudra savoir maintenant si, dans la rue Colombo, anciennement rue del Filo, il y avait des maisons appartenant à la famille Colombo.

Je puis en fournir la preuve affirmative.

Voici une lettre de M. Pierre Giubega, juge près un tribunal civil du continent :

« Monsieur. — Sachant que vous vous

occupez de l'histoire de Christophe Colomb, je m'empresse de vous faire connaître que, dans un vieux registre, contenant le recensement de la population de Saint-Jean-Baptiste en 1546, j'ai trouvé la mention suivante :

RUE DEL FILO

MAISON PARTICULIÈRE

ANTOINE COLOMBO, ETC., ETC.

APPARTEMENT INFÉRIEUR

PHILIPPE COLOMBO

ANTOINETTE COLOMBO, SON ÉPOUSE

BRIGITTE SERRA

Agréez, etc.
Calvi, le 22 janvier 1876.
Signé : Giubega. »

Ce précieux document a été déposé à la mairie de Calvi.

On le voit, la famille Colomb existait à Calvi, et habitait la rue Colombo, ainsi appelée par la reconnaissance des Calvais envers leur compatriote, Christophe Colomb.

Nous savons aussi que Colomb était entouré de Corses.

Nous allons parler des plus marquants, Minucci Pierre-Paul, commandant de la ville de Porto-Bello, et Minucci Georges, gouverneur de Pananca dans les Indes, étaient de la ville de Calvi et vivaient du temps de l'Amiral.

Qui les a si haut placés, si ce n'est leur compatriote, Christophe Colomb ?

Michel-Ange Battaglini, général de la flotte espagnole, après le second voyage de Colomb, était de la ville de Calvi, aussi bien que d'autres chefs, parmi lesquels se distinguait le pilote royal, Morgana.

Jean-Antoine Vincentelli Leca de Calvi, comte de Cattigliana, en Espagne, prêta, en 1554, cinq millions au roi Philippe II, en lui demandant s'il les voulait en or ou en argent.

Il est certain qu'il s'était enrichi dans le nouveau continent, où il avait accompagné son compatriote, Christophe Colomb.

Jean Louis Vincentelli Leca, fils du précédent, était grand alcade de Séville.

Christin de Valentin Magnara de Calvi, grand amiral du royaume d'Aragon, avait certainement suivi Christophe Colomb.

Thomas Magnara, fils du précédent était duc de Malte, et Vasco de Leca de Calvi était secrétaire général de Philippe II.

Je trouve aussi dans les Annales d'Aragon, que la Corse a donné à l'Espagne un grand nombre d'hommes célèbres, comtes, chevaliers, colonels, etc.

Traité rédigé par Juan de Coloma, secrétaire de L. M. Ferdinand et Isabelle d'Espagne.

I. Il sera reconnu au sieur Christophe Colomb pendant toute sa vie, ainsi qu'à ses héritiers à perpétuité, l'office d'amiral dans toutes les terres et continents qu'il découvrira ou acquerra dans l'Océan, et, cela, avec les mêmes honneurs et prérogatives dont jouit, dans sa juridiction, le grand amiral de Castille.

II. Il sera vice-roi et gouverneur général de toutes les susdites terres et continents, avec le privilège de désigner, pour le gouvernement de chaque île ou province, trois candidats, dont l'un sera choisi par Nous.

III. Il aura droit à un dixième de toutes les perles, pierres précieuses, or, argent, épices, et toutes denrées et marchandises, trouvées, achetées, échangées ou obtenues de quelque manière que ce soit, dans les limites de sa juridiction, les frais préalablement déduits.

IV. Il sera seul juge, de toutes les contestations qui pourraient s'élever sur des matières de commerce entre les pays découverts et l'Espagne.

V. Pour récompenser le sieur Colomb des services qu'il nous aura rendus, nous l'autorisons, lui et ses héritiers, à prendre le titre de *don*.

Fait à Santa-Fé le 17 avril 1492.
Isabelle. Ferdinand.

Introduction du journal de Christophe Colomb

« *In nomine Domini nostri Jesu Christi*. Très hauts, très chrétiens, très excellents et très puissants princes, roi et reine d'Espagne et des îles de la mer, notre seigneur et notre souveraine, cette présente année 1492, après que Vos Altesses eurent mis fin à la guerre contre les Mores qui régnaient en Europe, et eurent terminé cette guerre dans la très grande cité de Grenade, où cette présente année, le deuxième jour du mois de janvier, je vis arborer, par la force des armes, les bannières royales de Vos Altesses sur les tours de l'Alhambra, et où je vis le roi more se rendre aux portes de la Ville, et y baiser les mains royales de Vos Altesses et du prince, mon seigneur, aussitôt, dans ce présent mois, et, après les informations que j'avais données à Vos Altesses des terres de l'Inde et d'un prince qui est appelé le grand kan, ce qui veut dire, en notre langue vulgaire, roi des rois, et de ce que, plusieurs fois, lui et ses prédécesseurs avaient envoyé à Rome y demander des docteurs en notre sainte foi, pour qu'ils la lui enseignassent. Comme le Saint-Père ne l'en avait jamais pourvu, et que tant de peuples se perdaient en croyant aux idolâtries et en recevant, en eux, des sectes de perdition, Vos Altesses pensèrent, en leur qualité de catholiques chrétiens, et de princes amis, propagateurs de la sainte foi chrétienne, et ennemis de la secte de Mahomet et de toutes les idolâtries et hérésies, à envoyer moi, Christophe Colomb, aux contrées de l'Inde, pour voir les dits princes, et les peuples, et les pays, et leur disposition, et la manière dont on pourrait s'y prendre pour leur conversion à notre sainte foi. Elles m'ordonnèrent de ne point aller par terre à l'Orient, ainsi qu'on a coutume de le faire, mais de prendre, au contraire, la route de l'Occident, par laquelle nous ne savons pas jusque aujourd'hui, d'une manière positive, que personne ait jamais passé. En conséquence, après avoir chassé tous les juifs de vos royaumes, Vos Altesses me commandèrent de partir avec une flotte suffisante pour les dites contrées de l'Inde. Et, à cette occasion, elles m'accordèrent de grandes grâces et m'anoblirent, afin que, dorénavant, je m'appelasse *don* et fusse grand amiral de la mer Oceane et vice-roi et gouverneur perpétuel de toutes les îles et terres fermes dont je ferais la découverte et la conquête, et dont on ferait, par la suite, la découverte et la conquête dans la dite mer Océane, et elles décrétèrent que mon fils aîné me succéderait, et qu'il en serait ainsi de génération en génération. »

D'Arc ou Darc.

Il est, aujourd'hui, bien établi que l'orthographe véritable est Darc. Dans toutes les copies du procès de condamnation, les lettres d'anoblissement, toutes les pièces officielles du temps de la Pucelle, ce grand nom est ainsi orthographié. Jean Hordal, petit neveu de Jeanne, l'écrit ainsi dans son *Histoire* éditée en 1612 ; il en est de même de tous les chroniqueurs du quinzième siècle.

Michelet, Henri Martin, Vallet de Viriville, Villiaumé ont supprimé l'apostrophe. Nous avons pensé qu'il était logique de les suivre dans cette voie tracée par les contemporains de l'héroïne de Domremy, plus à même que nous de savoir si ce nom glorieux était d'Arc ou Darc.

La question est, du reste, de mince importance, car nul n'ignore que la famille de la Pucelle n'avait pour toute fortune et pour toute noblesse que le produit de son travail et son honnêteté.

Origine de Sampiero

L'illustre président de Thou, et tous les contemporains de Sampiero, ainsi que Filippini l'historien national, ont dit qu'il était fils de berger, et l'ont toujours désigné sous le nom de Sampiero, Sampietro ou Sampietro Corso. Lui-même écrivait son nom San Pietro. Les lettres royales et les lettres du maréchal de Brissac où le célèbre capitaine est cité, l'appellent ainsi et ne mentionnent nullement le nom d'Ornano. Sampiero ayant épousé Vannina d'Ornano, ses fils prirent le nom maternel, qui en leur donnant des titres de noblesse, leur permettait d'acquérir certains privilèges réservés à l'aristocratie. Nous nous rangeons, quant à cela, à l'avis de M. Valéry et nous pensons que le seul nom de *Corso* décerné à Sampiero par ses compatriotes est mille fois plus noble, plus grand et plus enviable que les plus antiques parchemins.

TABLE DES MATIÈRES

	Pages
Préface................................	IX
Christophe Colomb......................	1
L'Héroine Domremy.....................	135
Les Héros l'Indépendance corse..........	175
Sampiero........................	177
Paoli...	201
Un Tremblement de terre a Palerme......	235
Contes de Noel.........................	255
Appendice..............................	267

Paris-Auteuil.— Imprimerie des Appr.-Orph. Roussel
40, rue La Fontaine, 40.

www.ingramcontent.com/pod-product-compliance
Lightning Source LLC
Chambersburg PA
CBHW071420150426
43191CB00008B/982